PAHR

Reise und Abenteuer

Reise und Abenteuer
Ullstein Buch Nr. 32013
im Verlag Ullstein GmbH,
Frankfurt/M — Berlin — Wien

Ungekürzte Ausgabe
mit 20 farbigen Abbildungen

Umschlagentwurf:
Hansbernd Lindemann

Alle Aufnahmen stammen
vom Verfasser
Printed in Germany 1979
Gesamtherstellung:
Augsburger Druck- und
Verlagshaus GmbH
ISBN 3 548 32013 9

Vom selben Autor
in der Reihe der
Ullstein Bücher:

Sieben Jahre in Tibet (32011)
Die Götter sollen siegen (3499)

CIP-Kurztitelaufnahme
der Deutschen Bibliothek

Harrer, Heinrich:
Huka-Huka: bei d. Xingu-Indianern
im Amazonasgebiet /
Heinrich Harrer. —
Ungekürzte Ausg. —
Frankfurt/M, Berlin, Wien:
Ullstein, 1979.
(Ullstein-Bücher: Nr. 32013:
Reise u. Abenteuer)
ISBN 3-548-32013-9

Heinrich
Harrer

Huka-Huka

Bei den Xingu-Indianern
im Amazonasgebiet

Reise und Abenteuer

Inhalt

Vorwort

Lieber sterben als einen
Indianer töten.

Immer wieder lockt es Menschen zu den wenigen unberührten Paradiesen, die es noch auf unserer Erde gibt. Wohlvorbereitet, aber ein wenig zweifelnd, klopfte auch ich eines Tages an die Pforten des Xingugebietes, um, nachdem man mir Einlaß gewährte, voll Glück festzustellen, daß es in Brasilien tatsächlich noch ein Gebiet gibt, das unberührt ist und einen Wunschtraum verkörpert. Ein Stück Erde, wo die Menschen frei und zufrieden sind, wo das scheinbar Unwichtige wichtig ist und das Normale den Tag beherrscht. Wohltuend ist der Frieden, der einen umgibt, heiter das Lachen der Frauen und Mädchen beim Baden im klaren Wasser der fischreichen Lagune. Traurig und geheimnisvoll der Klang der alten Jakuiflöten, wenn die Männer sie, ängstlich vor den Augen der Frauen verborgen, in der Festhütte blasen.

Die Indianer, die man heute am Xingu antrifft, sind dem Fremden nicht feindlich gesinnt, aber noch lange nicht friedlich. Manche von ihnen sehnen sich nach einem Kontakt mit den Weißen, andere ziehen sich scheu zurück. Früher war es wohl einfacher. Entweder haßten oder fürchteten sie den Eindringling. Sie schossen ohne zu zögern ihre Pfeile ab, denn der Mensch war für sie kein höheres Wesen. Er stand auf einer Stufe mit Fluß, Pflanze und Tier, und wann immer der Indianer Gefahr witterte, wehrte er sich und tötete den unbekannten Menschen mit der gleichen Selbstverständlichkeit wie den beutegierigen Jaguar. Spürten sie keine Gefahr, legten sie Pfeil und Bogen beiseite und kamen dem Fremdling unbewaffnet entgegen oder überreichten ihm beides sogar als Zeichen ihrer Friedfertigkeit. Man wußte, woran man war, und konnte sich darauf verlassen. Heute sind sie durch viele trübe Erfahrungen mißtrauisch. Man kann nicht mehr im voraus sagen, was einen erwartet. Sie kennen keinen Dank und zeigen nur selten Freude. Behutsam, mit viel Takt und Geduld muß man ihr Vertrauen gewinnen.

Vieles habe ich in ihren Dörfern erlebt. Manches wieder beiseite geschoben, aber nicht vergessen. Langsam habe ich meine Eindrücke zu ordnen versucht, und von Blatt zu Blatt, die ich beschrieben habe, erstand vor mir wieder jenes einzigartige Totenfest, das ich im Dorfe der Kalapo mitmachen durfte. Das Erlebte schlug mich so in seinen Bann, ich fühlte mich nach wenigen Tagen so von ihrer Wesensart, ihrer Fröhlichkeit und Unbefangenheit berührt, daß ich ihre Fehler bald darüber vergaß. Ich nahm ihre kleinen zweckdienlichen Diebereien nicht mehr übel, ja, ich gewöhnte mich daran, daß jeden Tag etwas von meinen Kontaktgeschenken fehlte. Doch eines Morgens sollte ich eine Überraschung erleben. Auf dem Sand vor meiner Hütte lagen, sorgfältig ausgebreitet, Foto- und Filmausrüstungsgegenstände, die in einer von ihnen gestohlenen Kiste nebst Angelhaken und Messern verpackt gewesen waren. Da sie mit den Filmsachen nichts anzufangen wußten, hatten sie mir diese heimlich in der Nacht zurückgebracht. Immer wieder machte ich diese Erfahrung, daß sie sich nur Gegenstände aneignen, die ihr einfaches Leben erleichtern oder, wie zum Beispiel eine Taschenlampe, ihren Nachbarn Eindruck machen. Drei Tage und drei Nächte waren mein Kameramann Herbert Raditschnig und ich vollauf damit beschäftigt, alle Szenen einzufangen, die sich in überreicher Fülle unserem Auge darboten. Ich wurde Zeuge eines Festes, Zuschauer des Stammes- und Familienlebens, das heute nur noch möglich ist, weil Marschall C. M. Rondon die Idee hatte, einen Indianerschutzdienst einzurichten. Die Überreste der Urbevölkerung Südamerikas können also von sensationslüsternen Weißen nicht behelligt werden. Von Rondon stammt auch jener Ausspruch, den ich als Leitgedanken über alle meine Expeditionen stellen möchte: »Lieber sterben als töten.«

Darum habe ich auch auf allen meinen Reisen, sei es zu den Steinzeitmenschen Neuguineas oder zu den Eingeborenen in Zentralafrika, nie eine Waffe mitgenommen.

Als der deutsche Forscher Karl von den Steinen im Jahre 1884 in den Savannen des Mato Grosso den Xingufluß entdeckte, waren die Stämme an seinen Ufern noch völlig unbekannt. Keine Landkarte verzeichnete den Lauf dieses zweitausend Kilometer langen Stromes, der einer der größten Nebenflüsse des Amazonas ist. Galt die erste Expedition von den Steinens mehr geographischen Forschungen, vervollständigte seine zweite Reise im Jahre 1887/88 das Wissen über die indianische Bevölkerung, die damals etwa dreitausend Seelen zählte. Seitdem folgte eine Expedition der anderen. Vielfach aus echt wissenschaftlichem Interesse, teilweise auch nur aus Abenteuerlust. Traurige Berühmtheit erlangte die Reise des britischen Obersten P. H. Fawcett, der 1925 mit Sohn und Begleitung am Xingu auf geheimnisvolle Weise verschwand. Immer wieder wurden Versuche gemacht, eine Spur des Briten zu entdecken – vergebens!

Von unschätzbarer Bedeutung für die Reinerhaltung der Stämme am Xingu war die Schaffung einer Reservation im Jahre 1952 unter Obhut der Gebrüder Villas Boas. Gummisucher, Makler und andere Geschäftemacher hatten Grippe- und Masernepidemien verursacht, und die Dezimierung der Indianer ließ ein völliges Aussterben befürchten. Von geschätzten 650 übriggebliebenen Xinguanern starben durch die Masernepidemie 1954 allein 114 Personen. Im Jahre 1961 wurde der »Parque Nacional do Xingu« geschaffen. Dort widmen heute die drei Brüder Villas Boas, Orlando, Claudio und Alvaro, am Posto Leonardo und Diauarum, den verwaltungstechnischen Basen des 22000 Quadratkilometer großen Nationalparkes, ihr Leben dem Schutz der Indianer. Man könnte glauben, daß es sich hier um den Idealfall handelt, eine Gruppe Menschen in ihrer Lebensform unberührt und rein zu erhalten. Aber wenn man eine Zeitlang in diesem Gebiet gelebt hat, in das nicht einmal Missionare Zutritt haben, muß man erkennen, wie unendlich schwer die Aufgabe der Gebrüder Villas Boas ist. Allein die Tatsache, daß man mit einer Militärmaschine mitten im Reservat landen kann, daß man die Indianer selbstverständlich ärztlich betreuen muß, öffnet ihnen Tür und Tor zu zivilisatorischen Errungenschaften, ohne deren Besitz sie bisher sehr glücklich und zufrieden lebten. Moderne Gewehre ersetzen vielfach Pfeil und Bogen. Häßliche Glasflaschen hängen an Stelle von wohlgeformten Kalebassen und Kürbissen an den Sparren ihrer Hütten, und es ist traurig, zu sehen, wie trotz aller Bemühungen diesen fröhlichen, bescheidenen Menschen durch Notwendigkeiten, die ihnen die Zivilisation bringt, ein Großteil ihrer Zufriedenheit genommen wird. Ich hatte noch das Glück, den Blick in ein Fabelland zu werfen, wo Menschen und Dinge unberührt geblieben sind, und man kann nur hoffen, daß die verantwortlichen Stellen mit viel Takt und Verständnis diese Kinder der Natur behutsam in unsere Lebensform einschmelzen.

H. H.

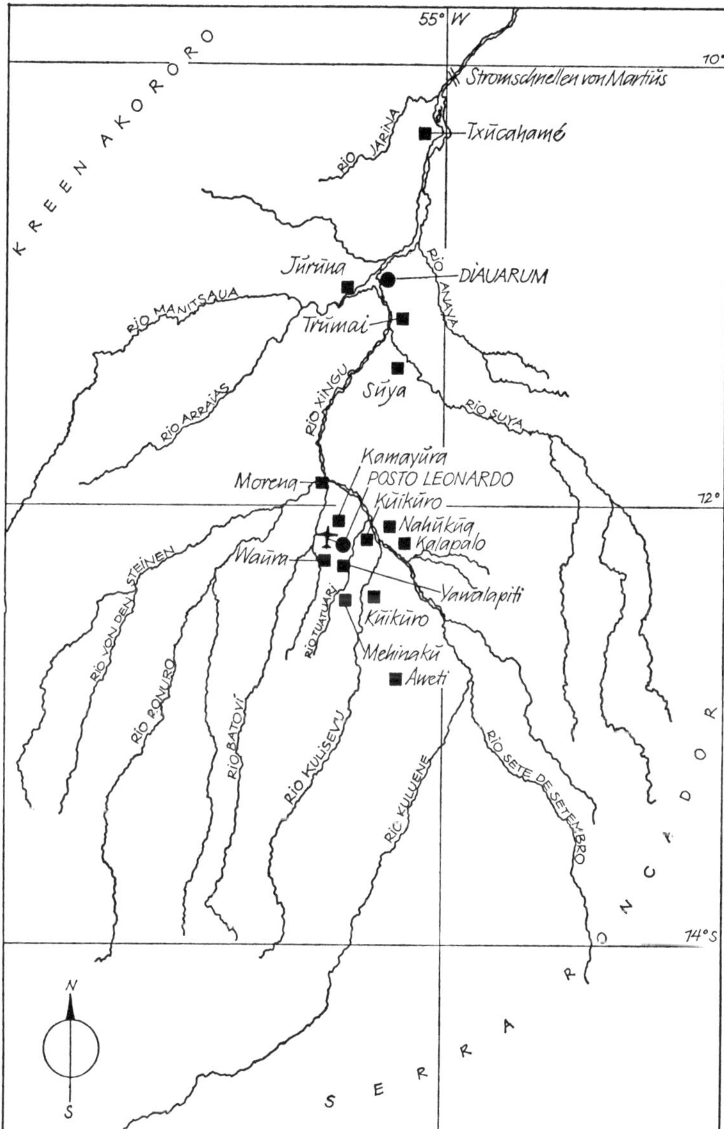
55° W
10°
KREEN AKORORO
Stromschnellen von Martiüs
Txũcahamé
RIO JARINA
Jurũna
DIAUARUM
RIO ANAYA
RIO MANITSAUA
Trũmai
Sũya
RIO XINGU
RIO ARRAIAS
RIO SUYA
Kamayũra
POSTO LEONARDO
Morena
Kũikũro
72°
Nahũkũa
Kalapalo
Waũra
Yawalapiti
RIO VON DEN STEINEN
RIO TUATUARI
Kũikũro
Mehinakũ
Aweti
RIO RONURO
RIO BATOVI
RIO KULISEVU
RIO KULUENE
RIO SETE DE SETEMBRO
RONCADOR
14°S
SERRA
N
S

Hakanei erhält einen wichtigen Auftrag

Tiefblau, fast schwarz wölbte sich der Himmel über der Savanne vom Xingufluß. Noch leuchtete das Band der Milchstraße, jener Himmelsstraße, die im Glauben der Kalapalo-Indianer der Weg zum Reich der Schatten ist.

Hakanei schaukelte in seiner Hängematte aus Buritifasern langsam hin und her und dachte an den ehrenvollen, aber schwierigen Auftrag, den ihm der Häuptling Bororó übertragen hatte. Noch bevor der Mond wieder als runde Kugel am Himmel stand, sollte im Dorf der Kalapalo das Kwarup, das Totenfest, zu Ehren des verstorbenen Häuptlings Jupala stattfinden. Er war ein berühmter und weiser Mann gewesen, und die Zeremonie sollte alle bisherigen an Pomp und Größe übertreffen. Auch zweier anderer Stammesgenossen aus bedeutender Familie, die ebenfalls in den letzten Monaten gestorben waren, sollte bei dieser Totenfeier gedacht werden.

Hakanei wandte seinen Blick noch einmal zum dunklen Nachthimmel, folgte mit seinen Augen den leuchtenden Spuren der Milchstraße und überlegte, welchen Weg die Seelen der drei Verstorbenen, unter der Erde des Dorfplatzes begraben, wohl nach dem Kwarup nehmen würden. Die Indianer des Xingu kennen keine Hölle. Aber die Straße zum Paradies ist voller Gefahren, die es mit Mut und Tapferkeit zu überwinden gilt.

Hakanei wußte aus den Berichten der Dorfschamanen, jener mächtigen, weisen Männer, denen abends am Feuer zu lauschen schon immer zu seinen Freuden gehörte, daß die Toten auf ihrem Himmelsweg zuerst auf einen Habicht trafen. Mit riesigen Flügeln, scharfen Krallen und seinem gefährlichen, gebogenen Schnabel wartete er darauf, jeden Schwächling erbarmungslos zu vernichten. Einmal vom Habicht bezwungen, würde er nie mehr die Reise ins Reich der Schatten fortsetzen können. Die Seele des Tapferen aber, des Siegers über diesen unheimlichen Wächter der Pforte zu himmlischen Glückseligkeiten, durfte weiterziehen, aber schon erwartete ihn die nächste Prüfung. Auf der Milchstraße lauerte auch noch die »Große Schlange«, die Anakonda, im Verborgenen auf ihn. Diese mächtigste Riesenschlange der Erde ist die vollkommenste Meisterin im Beschleichen ihrer Beute und deshalb von allen Indianern sehr gefürchtet. Geräuschlos schiebt sie sich von den Bäumen oder aus dem Wasser dem Menschen oder Tier entgegen – kein Blättchen fällt zu Boden, kein Ästchen knackt. Je näher sie ihrem Opfer kommt, desto ruhiger und vorsichtiger werden ihre Bewegungen, bis sie plötzlich mit aufgerissenem Rachen nach vorne stößt und das überraschte Opfer mit ihren kräftigen Körperringen umklammert und erwürgt.

Hakanei hatte einmal in der Nähe des Dorfes eine Sucuri, wie sie bei den Indianern heißt, erlegt und kannte ihre Stärke. Zu seinem Glück waren sie bei diesem Abenteuer zu dritt gewesen und bändigten das Ungeheuer, indem einer den Kopf, ein anderer das Mittelteil und der dritte den Schwanz ihres acht Meter langen Körpers packte.

Hakanei wünschte den Verstorbenen von ganzem Herzen, daß sie diese beiden gefährlichen Hindernisse bezwingen würden, um dann sorglos auf der Milchstraße in ihren Himmel, den Iwak, zu schreiten.

So bunt und vielgestaltig waren Hakaneis Gedanken, daß er ganz erschrocken auffuhr, als die Sonne schon feuerrot am Himmel aufging und den neuen Tag verkündete. Ein besonderer Tag für Hakanei, den jungen Krieger vom Stamme der Kalapalo. Galt es doch heute, sich nicht nur durch Mut – das war für ihn selbstverständlich –, sondern auch durch Intelligenz und Diplomatie zu bewähren. Häuptling Bororó hatte beschlossen, zu diesem Kwarup alle Xingu-Stämme einzuladen, und vertraute fest auf Hakaneis Geschicklichkeit, auch von allen Zusagen zu erhalten. Das war nicht ganz leicht. Lebten sie im Augenblick auch recht friedlich miteinander, so gab es doch noch Erinnerungen an einen Frauenraub, der den damaligen Häuptling Gjahula tief getroffen hatte, und es schwelte auch ein nicht beendeter Streit um einige entführte Knaben, die man sich als Krieger aufziehen wollte. So sehr es Hakanei mit Stolz erfüllte, daß die Wahl des Häuptlings gerade auf ihn gefallen war, wußte er genau um die Schwierigkeit des Auftrages. Aber mit dem Optimismus der Jugend und dem Selbstvertrauen des in manchen Kämpfen erprobten Mannes glaubte er daran, daß dank seiner Verhandlungskunst in ihrem Dorfe bald ein Totenfest gefeiert würde, so groß und prächtig, daß selbst die ältesten Medizinmänner sich an nichts Ähnliches erinnern könnten.

Die Hängematte, aus der Hakanei nun fröhlich auf den Boden sprang, pendelte noch ein paarmal hin und her, ehe sie zum Stillstand kam, um dann erneut in Bewegung zu geraten, als er ihr lachend einen übermütigen Stoß gab: »Vielleicht bringe ich dir von meiner Reise ein hübsches junges Mädchen mit, das dann gemeinsam mit mir von deinen Netzen umfangen wird!« rief er lachend.

Tiuvi, eine Häuptlingstochter der befreundeten und verwandten Kamayura war es, der seine fröhlichen und werbenden Gedanken galten. Die Kalapalo lebten mit den Kamayura in friedlicher Nachbarschaft, und es hatte sich schon mancher von ihnen seine Frau bei dem tapferen Stamm geholt. Hakanei reckte und streckte sich noch einmal, betrachtete voll Stolz das kraftvolle Spiel seiner Muskeln, rieb sich den letzten Schlaf aus den schönen, leicht geschlitzten Augen und beschloß, heute als einzigen Schmuck seiner Nacktheit eine Kette aus Süßwassermuscheln anzulegen, die er schon als Bub vom Vater erhalten hatte. Damals war sie blendend weiß gewesen, inzwischen hatte sie aber vom vielen Uruku einen rötlichen Schimmer bekommen, so daß er sich vornahm, sie beim nächsten Bad mit Flußsand rein zu waschen. Seine Lendenkette aus Muschelringen wollte er zu Hause lassen, sie war ein Erbstück und viel zu kostbar. Aber vielleicht würde ihm unterwegs ein Jaguar begegnen, den zu erlegen sein sehnlichster Wunsch war. Eine Halskette aus Jaguarkrallen war der kostbarste Schmuck für einen Mann und sein größter Stolz. Hakanei besaß auch schon eine solche Kette, aber sie war armselig und nur von einem kleinen Tier. Die sechzehn Krallen standen in großen Abständen, und er wollte für das bevorstehende Fest mindestens noch sechzehn weitere bekommen und eines Tages noch von einem dritten oder vierten Jaguar, bis die Kette aus fünfzig, sechzig Krallen bestand und dicht und ohne Zwischenräume um seinen Hals lag. Für Hakanei hatten diese Ketten keine andere Bedeutung, als seinen Körper zu schmücken und von seiner Tapferkeit zu zeugen. Er wußte nicht mehr, daß Zierde nicht die ursprüngliche Bedeutung des Schmuckes seiner Vorfahren war. Denn wie sollte es möglich sein, daß in den Anfängen sich die feineren Gefühle eher regten als die groben? Keiner seiner Ahnen, und auch nicht er, wäre je auf den Gedanken gekommen, eine Blume zu pflücken, nur um sich mit ihrer Schönheit zu schmücken. Es war alles viel einfacher und ließ sich mit der gesunden Logik der Naiven leicht erklären: Man hatte Hunger, kämpfte gegen den Vogel, und wenn man ihn besiegte, trug man die bunten Federn als Trophäe. Es war ebenso, als ob man dem unterlegenen Feind die Waffe fortnahm, denn Menschen und Tiere sind für die Indianer nicht Wesen anderer Art. Sie alle gehören einer einzigen großen Gruppe von Lebewesen an, die sich nur durch Aussehen und Sprache unterscheiden. So wie der Kalapalo eine andere Sprache spricht als der Waura, so redet er auch anders als Fisch oder Jaguar. Sie sehen keine Grenzen zwischen Mensch und Tier, und so wie die Kalapalo, Yawalapiti oder Kamayura zu Familien und Stämmen vereinigten, leben auch Jaguar, Vogel und Fisch in ihren Familien und Clans. Die Verwandtschaft ist so nahe, daß sie sogar von glücklichen Paarungen zwischen Menschen, Tieren oder Pflanzen in ihren Märchen erzählten. Heute gab es das nicht mehr, und nur die Schamanen besaßen noch die Fähigkeit, alle Sprachen zu verstehen und sich in jede beliebige Gestalt zu verwandeln. Ebenso einfach war auch der Sinn der Uruku, jener roten Farbe, die alles bei ihnen bedeckte. Die Farben waren vorhanden, die Natur hielt sie in Überfülle bereit: in den Früchten der Bäume, dem Federkleid der Vögel, in der warmen trokkenen Erde und am Ufer des Flusses – täglich begegnete man ihnen. Aber bevor man begann, für die großen Feste den Körper damit zu schmücken, hatte man längst erkannt, wie nützlich sie als Schutz gegen Insektenstiche waren und wie angenehm ihre Feuchtigkeit die Haut in der heißen Sonne kühlte. Das Uruku war ein wichtiger Bestandteil ihres täglichen Lebens, und sie verwendeten es überall dort, wo es galt, sich zu stärken, Schwächen oder Gefahren zu überwinden oder böse Mächte abzuschrecken.

Sein volles dunkles Haar hatte er sich noch am Tage zuvor mit einer Schere, die vom Posto Leonardo stammte, frisch geschnitten, und es saß nun, ringsum gleichmäßig gestutzt, wie das Häubchen eines Klosterbruders auf seinem Kopf. Er hatte sich besondere Mühe gegeben, so daß es vorne dicht in die Stirne fiel, seitlich bis zur Mitte der Ohrmuschel reichte und hinten den Halsansatz berührte. Eine kreisförmige Glatze, die Tonsur, in der Mitte des Kopfes, glänzte wie ein Spiegel, denn auch die letzten nachkeimenden Härchen hatte sein Freund Majuschika mit einem starken Grashalm in geduldiger und gerne getaner Arbeit ausrasiert. Der Kranz von Haaren war dick mit roter Urukupaste beschmiert, und das Ornament, von Majuschika mit einem dicken Blatt als Spachtel in stundenlangen Mühen geformt, stellte eine geschmeidige Anakonda dar, die sich als schönes und schauriges Zeichen eigener Kraft um sein Haupt ringelte.

Eine Stunde später schon malte die helle Morgensonne ihre lustigen Punkte durch das Blätterdach der Mangaven und Bakayuva-Palmen. Ein Arara-Pärchen sandte seine ersten Töne zum Himmel und begrüßte kreischend den neuen Tag. Hakanei hatte inzwischen seine Siebensachen beieinander und überlegte noch einmal, ob er auch nichts vergessen habe. Eine Woche würde er unterwegs sein, Flüsse überqueren, durch ausgetrocknete Savanne laufen und für sein leibliches Wohl sorgen müssen. Er hatte an alles gedacht. Die Flinte zum Schutz gegen wilde Tiere hing über seiner Schulter, sie war ein Geschenk des weißen Mannes an Häuptling Bororó, der sie ihm für den besonderen Anlaß seines Botenganges zu den Nachbarstämmen geliehen hatte. Trotzdem hatte das Gewehr Pfeil und Bogen, die allen Indianerstämmen gemeinsame Waffe, noch nicht verdrängt. Vor allem war es sehr schwer, Nachschub an nötiger Munition zu bekommen, und so war die Flinte für die Xingu-Indianer auch mehr ein Symbol ihres Fortschrittes, und Häuptling Bororó ließ durch seinen modern bewaffneten Läufer den Stämmen sagen: Schaut her, wir sind ein mächtiger Stamm. Im Grunde waren sie alle sehr zufrieden mit Pfeil und Bogen, die sie vollendet beherrschten und die ihnen seit Urbeginn vertraut waren. Es gab prachtvolle Exemplare im Dorfe der Kalapalo, und man verwendete viel Mühe an die Herstellung der Pfeile, die häufig bis zu zwei Meter messen. Der elegante zweieinhalb Meter lange Bogen wurde aus dem gelblichen elastischen Holz des Aratabaumes gemacht, die Sehne drehte man aus Tukumfasern. Der Pfeil war ein befiederter Rohrschaft, in den man ein dünnes Holzstöckchen trieb, an dessen Spitze sich scharf gezackte Widerhaken befanden. Hakanei war ein Meister in der Handhabung von Pfeil und Bogen, und er war sicher, daß er sie häufiger als die neuartige Flinte benutzen würde. Ein Messer gehörte natürlich auch zur Ausrüstung sowie ein Angelhaken zum Fischen und ein handliches Paddel.

Das Dorf mit seinen mannigfaltigen Geräuschen war inzwischen aufgewacht, und langsam begann sich das Leben zu regen. Einige junge Indianerfrauen, bekleidet mit dem Uluri, jenem winzigen Blattdreieck, nicht größer als ihr Augenlid, zierlich und kokett aus gedrehten Buritifaserschnüren um ihre Taille gebunden, liefen noch ein wenig schlaftrunken den schmalen Pfad zum See hinunter. Die kühle Morgenluft vertrieb aber recht schnell die letzte Müdigkeit, und unter fröhlichem Gelächter warfen sie sich in das angenehm warme Wasser der Lagune. Sie wuschen sich, tauchten mit ihren langen blauschwarzen Haaren unter die Oberfläche, schüttelten ein wenig den Kopf, bis die naßglänzende Mähne im Nacken in Strähnen am rotbraunen Körper klebte, und fertig war die Morgentoilette. Dabei redeten und lachten sie in einem fort. Am See und im Dorf herrschte ein lebhafter Betrieb, und alle beschäftigten sich mit irgend etwas. Die einen stampften in einem hölzernen Mörser Maniok, andere ersetzten ein paar durchgescheuerte Querfäden aus Baumwolle an ihren Hängematten, und einige Kinder fütterten ein zahmes hellgrünes Papageienpärchen mit Maiskörnern. Frauen trugen große Töpfe zum Wasserholen freischwebend auf dem Kopf; lediglich ein Bastring half beim Balancieren. Sie bewegten sich flink und anmutig, und ohne zu stolpern schritten sie leichtfüßig über Baumwurzeln und Gräben. Damit das Wasser nicht überschwappte, hatten sie ein paar blättrige Zweige auf die Oberfläche gelegt, um die Schwingungen zu brechen. Auf ihrer rechten Hüfte ritt meist ein vor Freude krähendes Kind, und in der linken Hand trugen sie an einem Henkel einen zweiten Topf. War einmal eine Hand frei, winkelten sie den Arm an, um durch die Gegenschwingung schneller gehen zu können. Es war ein geschäftiges Hin und Her zwischen Dorf und See. »See der Glückseligkeit« hatten die Kalapalo ihn in kluger Erkenntnis seines Wertes getauft. Sein Name war für sie Inbegriff der Erfüllung aller Lebensfreuden und Notwendigkeiten, die er ihnen seit undenklichen Zeiten verhieß. Sein erfrischendes Wasser, der weiße Sand, die schmackhaften Fische und die schattenspendenden baumbewachsenen Ufer boten mehr, als sie je gebrauchen würden. Hakanei winkte den Frauen zu und lief zwischen den zwei westlich gelegenen Hütten zum deutlich ausgetretenen Pfad, der ihn durch die dürre Savanne an den Kuluenefluß führte, jenen Kuluene, der sich mit anderen Gewässern dort traf, wo der Anbeginn ihrer Welt lag.

Morena hieß der Platz, an dem sie ineinander mündeten, wo die Fische sich trafen und wo das erste Kwarup-Fest stattgefunden hatte. Es war der Platz ihrer Schöpfung.

Von hier an nannten sie den gewaltigen Strom Xingu, und nur wenig weiter flußabwärts lebten die Indianer vom Stamme der Suya, die sich mit Lippentellern ihr Gesicht verunstalteten. So wenigstens dachte Hakanei, auch wußte er, daß sie die Fische mit Timbo, einem Lianengift, erbeuteten. Die Kalapalo mieden einen engeren Kontakt mit den Suya, da diese nicht gerade als friedliebend galten.

Die endlose Savanne

Es war kurz vor der ersehnten Regenzeit, und Hakanei konnte seinen Weg zu den Kamayura abkürzen, indem er durch ausgetrocknete Sümpfe schritt oder wasserarme Flußläufe überquerte. Als er von der brütenden Hitze langsam ermüdet war und seine Fußsohlen vom Laufen über die warme Erde ein wenig zu brennen begannen, erreichte er den großen Fluß Kuluene, wo im dichten Ufergestrüpp ein kleines Boot versteckt war. Hakanei war ein hervorragender Schwimmer, und Muskelkraft und Lunge hätten es ihm leicht ermöglicht, den Kuluene schwimmend zu durchqueren, aber er war auch klug und umsichtig und kannte genau die in den Flüssen lauernden Gefahren. Müde, faul und ohne Regung lagen im seichten Wasser des Ufers die beutegierigen Krokodile, die nur darauf zu warten schienen, daß ein leichtsinniger Schwimmer sich ihnen als willkommene Mahlzeit anbot. Hakanei war gewitzt genug, sich nicht von dem scheinbaren Phlegma dieser Panzertiere täuschen zu lassen. Er hatte viele Male vom Flußufer aus beobachtet, wie gewandt sie sein können und wie schnell sie schwimmen, dabei ihren kräftigen Schwanz wie ein starkes Ruder benutzend. Wittert das Krokodil eine Beute, so nähert es sich ihr mit großer Vorsicht. Sein langer Körper liegt vollkommen unter der Wasseroberfläche, und nur die beiden Nasenlöcher steckt es beim Atmen heraus. So gleitet es langsam und geräuschlos herbei, um sich dann unerwartet und blitzschnell auf sein Opfer zu stürzen.

Glückt es diesem, die Uferböschung zu erreichen, so läßt das Krokodil sofort von ihm ab, um auf neue Opfer zu lauern. Am Ufer konnte sich Hakanei sicher vor ihm fühlen, denn so frech und angriffslustig das Krokodil im Wasser ist, so feige ist es an Land.

Ein weiterer Grund für Hakanei, nicht den Kuluene zu durchschwimmen, waren die unzähligen Piranyaschwärme, die pfeilschnell die Flüsse durchzogen. Obwohl sie kaum handtellergroß sind, bedeuten sie eine riesige Gefahr wegen der Kraft ihres Gebisses und ihrer Gefräßigkeit. Sie haben die schärfsten Zähne aller Fische, deren Dreiecksformen wie bei einem Sägeblatt dicht aneinander gereiht sind. Auf weite Strecken hinaus wittern sie die kleinste offene Wunde an Mensch oder Tier, und, angezogen von diesem Blut, versammeln sie sich um das verwundete Lebewesen und zerreißen es in wenigen Sekunden mit ihren scharfen Zähnen, bis nur noch das Skelett übrigbleibt. Fangen konnte man sie nur mit einem Angelhaken, der an einem kurzen Stahlseil befestigt war, da sie alles andere durchbeißen würden. Ja selbst das Stahlseil wurde noch von ihrem Gebiß zerdrückt und geknickt. Als Hakanei die Jagd auf die Piranyas lernte, gab es weder Angelhaken noch Stahlseil, sondern nur Pfeil und Bogen. Eine knotige Narbe am Finger seiner rechten Hand erinnerte ihn daran, wie er vor ein paar Jahren einen durchschossenen, aber noch zappelnden Fisch zu sorglos von der Pfeilspitze herunternehmen wollte und dieser ihn im Todeskampf in den Finger gebissen hatte.

Auch eine Geschichte, die ihm sein Onkel erzählt hatte, zeugt von der Gefräßigkeit dieser kleinen Tiere. Als einmal eine Expedition von Weißen den Kuluene durchqueren wollte, opferten sie vorher ein erschöpftes Pferd und warfen den blutenden, frischen Kadaver ins Wasser. In Sekundenschnelle war er umwimmelt von sämtlichen Piranyas dieses Flußabschnittes, und die Expedition konnte inzwischen unbehelligt ans andere Ufer gelangen. So grausam er angriff, war doch sein Fleisch von großer Zartheit und Wohlgeschmack, und Hakanei nahm sich deshalb vor, später einige von ihnen zu fangen, um sie den Kamayura als Geschenk mitzubringen.

Glücklich am Ufer des großen Flusses und angesichts seines schnellen Bootes, schien ihm eine kurze Rast kein saumseliges, sondern höchst notwendiges Unterfangen zu sein. Er suchte sich ein Plätzchen, wo er von allem hatte: den kühlen Fluß, den weichen Boden, den Baumschatten und auch die Sonne als kleine tanzende Flekken am Boden und im braunrötlich verfärbten Gras. Hakanei schaute hinauf in die Bäume, deren knorrige Äste, nur ganz spärlich mit Laub bedeckt, in ihren bizarren Formen an Märchen von Zauberei und Spuk erinnerten. Waren es nicht gar die Arme der Strohpuppe »Tangap«, Ziel ihrer sportlichen Übungen, wenn sie mit stumpfen Speeren ihre Geschicklichkeit erprobten? Diese heute harmlosen Spiele waren Überreste ernster kriegerischer Kämpfe, wie sie noch vor wenigen Jahren ausgetragen wurden.

Nach geraumer Zeit des Träumens besann sich Hakanei auf sein eigentliches Vorhaben und ging erfrischt und ausgeruht zu seinem Boot. Es war ein elegantes Kanu aus der Rinde des Jatoba, eines ulmenähnlichen Baumes. Seine Herstellung war einfach und wohldurchdacht. In der gewünschten Größe schnitt man die Rinde des Baumes ein und löste den zylinderförmigen Mantel mit langen Keilhölzern vom Stamm. Nun bog man sie in die Form eines Bootes, legte Querhölzer ein, und eine dichte Lage aus Bast im Innern verhinderte das Eindringen des Wassers. Dennoch gab es eine Lache, die er geschickt mit den hohlen Händen ausschöpfte, bevor er das Boot unter den überhängenden Uferzweigen in den offenen Flußarm schob.

Es war ein herrliches Bild, den jungen Hakanei aufrecht in seinem Boot sitzen und mit kraftvollen Bewegungen das kurze Paddel handhaben zu sehen. Hakaneis Muskeln waren schön, sie waren ebenmäßig ausgebildet vom häufigen Paddeln, das abwechselnd einmal mit dem linken, dann wieder mit dem rechten Arm geschah, in gleichmäßigem Rhythmus und unverminderter Stärke. Mit geschicktem Griff fing er noch rasch eine Liane, zog ihr die Rinde ab, hielt ihr Ende zwischen seinen starken Zähnen fest, und bei angewinkeltem Ellbogen schlang er sie ein paarmal um den Oberarm. Nun quoll sein ohnehin schon mächtiger Bizeps noch stärker hervor, und Hakanei war überzeugt, daß damit auch seine Kraft wüchse.

Vorbei an gefährlich herausragenden Baumstümpfen, über viele Stromschnellen hinweg, ging die Fahrt rasch flußabwärts. Kaum hatte er Zeit, das Leben der Natur am Uferrand in Augenschein zu nehmen, wollte er sein kleines Boot sicher ans Ziel bringen. Hin und wieder flog ein aufgeschreckter Sumpfvogel von seinem Nest, Enten oder Papageien rauschten flügelschlagend vorbei, und einmal löste sich sogar ein Tujuju, jener mächtige Storchvogel, aus einer Baumgruppe, hob sich groß und weiß von ihr ab und zog mit schnellen gleichmäßigen Schwingen seine ruhigen Kreise über Hakaneis Kopf. Mit einem kurzen Blick erhaschte er in einem Pikibaum einen blauen Schmetterling und daneben einen buntschillernden Kolibri, der durch seinen unheimlich schnellen Flügelschlag in der Luft zu stehen schien, bis er ein Insekt entdeckte und es flink aus der gelben Blüte pickte. Schmetterling und Kolibri bedeuten für die Kalapalo ein gutes Omen. Hakanei nahm es fröhlich wahr, paddelte ans Ufer und versteckte sein Boot im Schilf, um die letzte Wegstrecke zu Fuß durch die kleineren ausgetrockneten Flüsse zurückzulegen oder, führten einige gar noch Wasser, diese zu durchschwimmen.

Erwartungsvoll summend begrüßten ihn die Moskitos, die allerdings ihren Tanz ohne neue Nahrung fortsetzen mußten, da Hakanei so dick mit Urukufarbe und Pikiöl eingeschmiert war, daß deren ätherische Duftstoffe sie schleunigst die Flucht ergreifen ließen. Die Anlegestelle schien ihm geeignet, hier die Nacht zu verbringen, da eine leichte, kühlende Brise vom Fluß die Böschung heraufwehte und ihm Erfrischung brachte. Im sanften Dunst versank die Sonne rotgolden im Wasser, und mit ihr verschwanden auch die Insekten.

Um seine Abendmahlzeit brauchte er sich nicht zu sorgen, denn für Hakanei hatte jeder Laut, jede Spur eine Bedeutung. So entdeckte er bald eine Fährte, die von der Landestelle über eine flachansteigende Böschung hinauf zu einer Sanddüne führte. Es war eine glatte Rinne, so als hätte man eine kugelrunde Kalebasse durch den Sand gerollt, rechts und links davon tiefe Rillen.

Dort, wo die Spur endete, sah er auch schon die erwartete zertrampelte runde Fläche und wußte nun, daß er darunter das Nest einer Schildkröte finden würde, die aus dem Wasser gekommen war, um ihre Eier abzulegen. Sorgfältig hatte sie beim Verlassen des Nestes versucht, alle Spuren zu verwischen, um ihre Brut vor Räubern zu schützen. Nicht leicht mag es diesem auf dem Lande unbeholfenen und schwerfälligen Tier gefallen sein, diese mühselige Arbeit zu verrichten, die ihm sein Mutterinstinkt gebot. Allein menschlicher Schlauheit hielt diese Mühe nicht stand, und Hakanei fand schnell das Nest. Das Muttertier war nicht zu sehen; Hakanei bedauerte dies sehr, gilt doch die Leber der Landschildkröte als ganz besonderer Leckerbissen. Er hoffte nur, daß die Eier noch nicht zu weit ausgebrütet waren, denn im Gegensatz zu den meisten seiner Stammesgenossen schätzte er es gar nicht, die kleinen schwarzen Embryonen zu verspeisen. Er hatte Glück. Als er die Stelle aufgrub, fand er in zehn Zentimeter Tiefe nicht weniger als 18 Eier, runde, weiße, kleine Kugeln. Als er die dünne ledrige Schale aufriß, sah er voll Freude, daß sie noch ganz frisch waren, und so trank er voll Behagen das klebrige Eiweiß mit dem hellgelben Dotter.

Langsam stieg der Mond am Himmel hinauf und tauchte Urwald und Fluß in sein weißes Licht. Die Dschungelgeräusche, in der Hitze des Mittags fast verstummt und am Nachmittag langsam wieder auflebend, erreichten nun ihren Höhepunkt. Die Vogelstimmen wurden übertönt vom behaglichen Knarren der Frösche in den Bäumen und dem ohrenbetäubenden Zirpen der Zikaden. Nur die Brüllaffen, getreu ihrem Namen, brachten es noch fertig, sich von Zeit zu Zeit in schauerlichem Chor bemerkbar zu machen, wenn sie alle diese Laute überschrieen. Gerne hätte Hakanei in dieser mondhellen Nacht ein erfrischendes Bad im Flusse genommen, aber er wagte es nicht. Vom anderen Ufer hatte er den dumpf brüllenden Laut eines Krokodiles vernommen, jenen Ton, den man nur ganz selten von diesen sonst stummen Tieren hört und nur dann, wenn sie in größter Aufregung waren. Kurz darauf vernahm er ein blasendes, dumpf zischendes Schnauben; offenbar war das Tier erschreckt worden und verschwand nun in den Fluten. Mehr noch fürchtete er die Schlangen, die ihre Beutezüge in der Nacht begannen.

Zum Schutz gegen diese Gefahren und auch die Insekten wollte er ein kleines Feuer anzünden, um einige Stunden ungestört schlafen zu können. Schnell brach er trockenes Schilfrohr ab, schnitt es in fingerlange Stücke, spaltete sie und legte diese mit den Rundungen aneinander. Damit sie nicht umfielen, schlug er seitlich je zwei Stützen in den Boden und konnte nun viele Hölzchen aufeinanderstapeln. In das oberste schnitt er eine kleine Grube, setzte in diese einen Stock und quirlte mit geschickten auf- und niedergleitenden Händen so schnell, bis das Grübchen immer größer wurde, langsam zu glimmen anfing und ein zartes Rauchwölkchen den Erfolg anzeigte. Hakanei nahm das hellbraune feinmaschige Bastgewebe einer Palme als Zunder, blies noch ein wenig in die Glut, und gleich gab es eine muntere Flamme. Das alles ging sehr schnell, aber Hakanei hatte einen anstrengenden Tag verbracht und freute sich auf Ruhe und Schlaf. Mit einem letzten Gedanken an Tiuvi, das anmutige Kamayuramädchen, rollte er sich zusammen und schlief zufrieden auf dem trockenen Waldboden ein.

Die ersten Laute der Araras, jener gelbblauen Papageien mit den leuchtend roten Kopf- und Schwanzfedern, weckten Hakanei, als die Morgensonne aufbrach. Diese farbenprächtigen Vögel leben immer in Gruppen, zumindest aber als Pärchen entlang den Flußläufen. Sie sind zärtliche Tiere und hängen mit großer Liebe an ihren Jungen. Deshalb mögen die Indianerkinder sie als Spielzeug besonders gern und ziehen die Kleinen in ihren Dörfern auf. Die Männer schätzen sie wegen ihrer prachtvollen farbigen Federn, die stets leuchtender Mittelpunkt ihres Kopfschmuckes sind. Die Araras zu fangen, ist nicht ganz leicht, denn sie krächzen nur im Fliegen, und wenn sie sich niedersetzen, verstummen ihre Rufe, und man entdeckt ihr blaugelbes Federkleid nur schwer zwischen dem Laub der hohen Bäume. Hakanei hatte weder Zeit noch Muße, sie zu jagen, denn der neue Tag mit seinen Aufgaben und Freuden lag vor ihm.

Er kannte die Morgenfrische mit ihren Vogellauten, den Mittag als schattenlose Stille, den Nachmittag, die Zeit der nach tanzenden Insekten schnappenden Fische, den Abend, der die Glieder heiß und müde in der Hängematte ruhen ließ. Er kannte Wolken und Bäume, die Schildkröten und die Krokodile, die Sterne und den Mond. Er wußte von der Kraft seines eigenen Tuns, so wie ein Fischlein vom Wasser weiß. Ihn freute das Schöne, schreckte das Fürchterliche, kurz, er wußte mit der Dinge Wesen umzugehen, und dies war der Ursinn seines Daseins. Ähnlich dem Kinde verstand er eine Sprache mehr – die der Natur. Und wie vielgestaltig drang sie an sein Ohr an diesem klaren Morgen. Aber heute hatte er keine Zeit, ihrem Gewisper und Geraune zu lauschen; er rieb sich seine Augen blank, packte seine Sachen und marschierte voller Erwartung auf das nun nicht mehr ferne Ziel. Unbesorgt konnte er seine Schritte lenken, denn da die Regenzeit kurz bevorstand und große Trockenheit herrschte, brauchte man die mächtige Anakonda nicht zu fürchten. Sie verbringt den größten Teil ihres Lebens im Wasser, und wenn die Flüsse ausgetrocknet sind, verkriecht sie sich in feuchten Erdlöchern, dicht am Fluß oder in den Tümpeln. Ihr Element ist das Wasser, wo sie ohne zu atmen stundenlang völlig bewegungslos liegt. Auf dem Lande ist sie schwerfällig und träge, aber auch da ist es besser, ihr nicht zu nahe zu kommen.

Hakanei wußte genau, daß es selbst am Tage nicht ungefährlich war, die Flüsse zu durchwaten oder zu durchschwimmen, und in jedem tieferen Fluß versuchte er, Schlangen und Krokodile zu vertreiben, indem er seine hohlen Hände unter Wasser kräftig gegeneinander schlug. Die entstandene Luftblase platzte mit lautem Knall und verscheuchte die gefährlichen Feinde, selbst die Piranyaschwärme und vor allem auch die bösen Wassergeister, die sich durch ihn gestört fühlen könnten. Die Erfahrung hatte ihn allerdings gelehrt, daß die Piranyas nur gefährlich wurden, wenn man eine offene Wunde hatte. Da er aber im Augenblick ohne Makel war, konnte er es wagen, im Wasser watend einige von ihnen zu erlegen, um sie als Geschenk den Kamayura mitzunehmen. Er war überzeugt, mit dieser Gabe große Freude zu bereiten, wurde es doch vor der Regenzeit für die Stämme, die an kleinen Flüssen liegen, immer schwerer, ausreichend Fische zu fangen. Der Wasserstand sank tiefer und tiefer, die Erwachsenen konnten ihre Netze nicht mehr auslegen, und nur noch die Buben schossen hier und dort ein kleines Fischlein mit Pfeil und Bogen. Dabei mußten sie sehr auf der Hut sein, denn im Sand und Schlamm waren die Stachelrochen zurückgeblieben, deren mit feinen Dornen besetzter Stachel erheblich verletzen kann. Eingegraben im Sand, verwenden sie ihren Schwanz wie eine Peitsche und können den Unvorsichtigen damit unangenehm verwunden. Das Gift, das der Stachel zusätzlich enthält, ist nicht minder schmerzhaft und sehr gefürchtet.

Um diese gefährlichen Burschen zu verscheuchen, ging Hakanei mit vorsichtig schleifenden Schritten durch den Ufersand und vertrieb sie durch diese Bewegung aus ihrem Versteck. Plötzlich hatte er zwei größere Fische erblickt und setzte ihnen mit Riesensprüngen in dem seichten Wasser nach. Instinktiv berechnete er die Lichtbrechung des Wassers, noch im Sprung schoß er seinen Pfeil ab, der die Beute genau traf. Grob riß er den Fisch von der Pfeilspitze, biß ihm das Genick durch und warf ihn im hohen Bogen ins Gebüsch des Ufers. Einmal entwischte ihm ein Fisch mitsamt dem Pfeil im Rücken, aber er wurde nach wenigen Sekunden von Hakanei mit der Hand wieder eingefangen. Einem besonders großen Stachelrochen stieß er, ohne zu zögern, den Pfeil durch den flachen Körper und zog ihn zum trockenen Ufer. Vor diesem kräftigen Kerl hatte er rechten Respekt. Der Rochen lebte noch eine Zeitlang und bohrte dauernd seinen langen, beinharten Stachel in den Körper eines Piranyas, der neben ihm am Ufer lag. Hakanei machte kurzen Prozeß und erschlug den gefährlichen Gesellen mit einem Prügel. Mit seinem Dolch schnitt er den harten Stachelteil des Schwanzes ab, denn er konnte ihn als Spitze für Pfeile gebrauchen. Bald lag ein Haufen Fische am Ufer, und Hakanei machte sich daran, sie mit einer jungen Liane durch die Kiemen aufzufädeln.

Mit seiner Fischbeute über dem Rücken wollte er eben noch einen der Affen erlegen, die über ihm in den Bäumen schrieen, als er im halbgetrockneten Schlamm des Ufers die Spur eines großen Jaguars entdeckte. Die Affen sollten sich aufregen soviel sie wollten, heute blieben sie von Hakanei ungeschoren. Er wollte Besseres. Allerdings mußte er versuchen, von dieser Affenherde wegzukommen, denn mit ihrem Gekreisch warnten sie den Jaguar, und ihn wollte er um jeden Preis erlegen. Er dachte an seine armselige Halskette, die aus den Krallen eines einzigen Jaguars bestand, und in Gedanken sah er sich schon beim Totenfest mit einer größeren und reicheren glänzen. Doch bald mußte er zu seinem Leidwesen erkennen, daß die Spuren des Raubtieres allzuweit von seinem vorgeschriebenen Pfad wegführten, besann sich auf Ziel und Aufgabe und erreichte schließlich das Dorf der Kamayura.

Das Dorf der Kamayura

Ein schönes Dorf haben die Kamayura, herrlich an einem kleinen See gelegen. Sicher vor den Raubzügen anderer Stämme und geschützt gegen wilde Tiere, standen ihre sieben Häuser im Kreise um den Dorfplatz. Strahlenförmig führten von den strohbedeckten Hütten kleine Pfade an den See oder durch den die Siedlung umgebenden Dschungel zu ihren Feldern. Das Haus des Häuptlings stand an bevorzugter Stelle, gleich am Weg, der zum Wasser führte, und fast in der Mitte hatten die Indianer das kleine rechteckige Männer- oder Flötenhaus errichtet. Der saubergefegte Dorfplatz wäre kahl zu nennen gewesen, hätte nicht das konisch gebaute Adlerhaus, ein Käfig für den Harpyra-Adler, das Rund belebt. Hakanei mit seiner kleinen Fischbeute über der Schulter näherte sich kurz vor Mittag auf einem der von den Kamayura ausgetretenen Dschungelpfade dem Dorf. Wie leicht es sich plötzlich ging und wie schnell! Lag es an dem von Wurzeln und Steinen gesäuberten Weg, oder war es die Vorfreude auf Tiuvi, die ihn alle Schwere in den Füßen vergessen ließ? Rasch erreichte er den Waldrand und sah in der warmen Sonne die kleine Siedlung vor sich liegen. Unter den schattenspendenden Bambusdächern, kleinen Baldachinen ähnlich, saßen die Frauen hinter den Häusern und bereiteten wie jeden Tag ihren Maniok zu. Am frühen Morgen, als die Sonne noch nicht so heiß herniederbrannte, hatten sie auf ihren Feldern die armlangen Wurzeln ausgegraben, dort roh geputzt und anschließend im Seewasser gewaschen. Seltsamerweise ist es die bittere, giftige Wurzel, der die Indianer am Xingu ihre Hauptnahrung verdanken. Es gibt auch eine süße Sorte, der man aber die giftige wegen ihres höheren Stärkegehalts vorzieht. Würde man sie essen wie sie auf dem Felde wächst, würde in kurzer Zeit ihr hoher Gehalt an Blausäure tödlich wirken. Aber sie waren einfallsreich genug, auf einfachstem und sicherstem Wege dem Maniok die giftige Blausäure zu entziehen. Nun waren sie gerade damit beschäftigt, die braunen Wurzeln mit dem scharfen Rand einer Sardinenbüchse, die sie vom Posto Leonardo hatten, so lange sauber zu schaben, bis sie schneeweiß waren. Hakanei wischte sich verstohlen mit dem Handrücken über die Augen und schaute ein wenig verschämt zu den Frauen hin, in der Hoffnung Tiuvi unter ihnen zu entdecken. Aber er durfte nicht verweilen, denn sein erster Gruß hatte dem Häuptling zu gelten.

So schritt er eilends zwischen den Hütten hindurch, auf den Dorfplatz zu. Voll Überraschung sah Hakanei, daß sie von seiner Ankunft wohl gewußt hatten, denn vor dem Männerhaus standen prachtvoll geschnitzte Schemel, und vor jeder Hütte wartete der Hausälteste und nickte ihm den Willkommensgruß zu. Woher wußten sie nur von seinem Besuch? War es Witterung oder gar die Vorahnung der Schamanen, jener einflußreichen Zauberer? Schnell übersah Hakanei die Runde der tapferen Männer, ohne den einen zu erblicken, den als ersten zu begrüßen seine Pflicht war. Wo befand sich Takuma, der berühmte Häuptling der Kamayura? Aber es war nicht Indianersitte, sich sofort und übergangslos dem wichtigsten Thema zuzuwenden. Die Neugier zu beherrschen, galt als Zeichen der Disziplin und des Stolzes, und Hakanei beherrschte diese Tugend.

Auf ein Zeichen des Ältesten hin nahmen alle Männer auf ihren Schemeln Platz, ein leerer Hocker mitten unter ihnen wurde dem Gast angeboten. Es war ein besonders schöner Sitz. Aus einem Stück geschnitzt, hatte er die Gestalt eines Jaguars, und Hakanei, der die stumme Sprache seiner Freunde verstand, wußte, daß man ihm nun auch Mut und Kraft des Jaguars zutraute. Der ruhigen Begrüßung durch die Hausältesten folgte, von einem freudigen Gefühl der Genugtuung erfüllt, eine Stille, in der jeder wußte, daß die Anwesenheit des Boten der Kalapalo die Einladung zu dem großen Fest bedeutete.

Hakanei unterbrach ihre vorauseilenden Gedanken, indem er sich höflich nach den Dingen ihres täglichen Lebens erkundigte. Er wollte wissen, was die Fische machten und wie viele Monde noch vergingen, ehe sie wieder reiche Beute aus dem nahen See nach Hause brächten. Einer der Kamayura hob als Antwort seine rechte Hand, mit der Handfläche zum Gesicht, und zählte vom Daumen bis nach links zum Ringfinger. Vier Monde also, nickte bestätigend Hakanei. Bis dahin hatte die Regenzeit ihren Höhepunkt überschritten, die Lagunen waren überschwemmt und voller Fische. Noch ein paar Wochen mußte man warten, bis das Wasser wieder etwas zurückging, und dann konnte man ausziehen, um sich bei Tag und auch in mondhellen Nächten dem Fischfang zu widmen. Er erinnerte seine Gastgeber daran, wie er sie bei seinem letzten Besuch in ihrem Dorf vor neunzehn Monden mit einer großen Beute aus ihrer Lagune erfreut hatte. Damals hatte er so viele Fische mitgebracht, daß er jetzt, um ihre Zahl zu nennen, außer den Fingern noch die Zehen seiner Füße hinzunehmen mußte.

Inzwischen war der große Sonnenball höher gestiegen, und man konnte schon nicht mehr ungestraft in sein blendendes Gold blicken. Hinter den Hütten erklangen Geräusche von geschäftigem Tun und Wirken, und so war es auch verständlich, daß des jungen Hakaneis Gedanken ein wenig abirrten, hin zu den Maniokbereiterinnen, unter denen er Tiuvi wußte.

Auch das Indianermädchen hatte längst die kräftige Gestalt Hakaneis zu dem Dorfplatz gehen sehen und wartete auf eine Gelegenheit, ihn zu begrüßen. Sie brauchte sich nicht zu beherrschen und ihre Gefühle zu verbergen, im Gegenteil, eifrig schwatzend erzählte sie ihren Freundinnen von ihrer Freude. Dabei ruhten ihre fleißigen Hände keinen Augenblick. Mit großer Geschicklichkeit rieb sie auf einem Brett das weiße saubere Fleisch der Maniokwurzeln. Es war ein einfaches Holzbrett mit fast tausend scharfen Dornen, auf dem man die giftige Wurzel rieb. Es gab aber auch sehr kunstvoll geschnitzte Reiben, und Hakanei hatte ihr versprochen, daß er ihr solch eine fertigen würde, zierlich geschnitzt mit mehr als tausend Dornen, die er zu einem Muster anordnen wollte, das ein nur ihr verständliches Glückssymbol darstellen würde. Tiuvi freute sich darauf, denn die Arbeit mit so vielen Spitzen würde leichter sein und das schöne Muster ließe sie immer an Hakanei denken. Bevor sie begann, den Brei zu waschen, zeigte sie einem kleinen Mädchen die Handhabung des Reibbretts. Schon in ganz jungen Jahren dürfen die Mädchen ihren Müttern und älteren Schwestern bei der Arbeit helfen. So wachsen sie mit den Tätigkeiten der Frauen auf, langsam und behutsam, und wenn sie vor der Reifefeier in Klausur gehen, sind ihnen alle Frauenarbeiten bereits wohlvertraut.

Ein schönbemaltes, riesiges irdenes Gefäß überspannten vier Buritistäbchen, auf denen eine Siebmatte, das »Tuavi«, zum Durchseihen und Auspressen des Breies lag. Mit frischem Wasser wurde der Maniokbrei so lange gewaschen, bis alle Blausäure durch das Gitter in das irdene Gefäß geflossen und der saubere entgiftete Brei als dicker Klumpen auf dem Sieb übriggeblieben war und, dem Tapioka ähnlich, auf seine weitere Zubereitung wartete.

Es war eine friedliche Gruppe fleißig arbeitender Frauen und Mädchen, die da hinter den Hütten im Schatten ihrer Bambusdächer hockten. Nackt und völlig unbefangen saßen sie am Boden. In ihrer typischen Stellung seitwärts mit geschlossenen Beinen, so daß ihre

Fersen unter dem Oberschenkel lagen, verhinderten sie, daß sie von den Sandflöhen oder kleinen Bienen belästigt wurden. Der Begriff der Scham ist ihnen unbekannt, und sie verbergen keine Körperteile unter Kleidern. Bekamen sie einmal ein Gewand vom Posto Leonardo, so behandelten sie es wie irgendein Schmuckstück und trugen es mit naiver Freude bei völliger Nichtachtung des eigentlichen Zwecks.

Hakanei, noch in Gedanken bei der Arbeit jener Frauen hinter den Hütten, erkundigte sich nun höflich, ob sie neue Felder zum Anbau des lebensnotwendigen Manioks gerodet hätten, da die Zeit vom Setzen bis zum Reifen immerhin sechs bis neun Monate dauere und man deshalb nie genug Felder haben könne. Auch wollte er wissen, ob sie wie die Kalapalo ihre Felder mit Palisadenzäunen gegen Wildschweine und Hirsche schützten, die oftmals eine rechte Plage waren. Man antwortete mit großem Eifer und lebhaften Gesten und erzählte auch voll Stolz, daß die Geburt neuer Söhne die Stärke des eigenen Stammes für die Zukunft gesichert habe.

Genug der Höflichkeiten waren ausgetauscht, und nun kamen einige Frauen, um den Gast mit dem stärkehaltigen Bejuwasser und einem geräucherten Fisch, köstlich in einen duftenden Maniokfladen gewickelt, zu erfrischen. Es waren zwei alte Weiber, deren Jugend und Schönheit längst dahin waren, die den Gast mit Nahrung versorgten. Struppig hingen die dünnen, aber noch schwarzen Haare um ihren Kopf, faltig und leblos die Haut um ihre hervorstehenden Knochen. Nur ihre Augen, trübe vom vielen Sonnenlicht, strahlten Güte und Wissen aus. Als einziges Kleidungsstück trugen auch diese Frauen jenes kleine Dreieck aus Rindenbast, das Uluri, mit dünnen Fadenschnüren durch die Leistenbeugen und um die Schenkel herum nach hinten gezogen. Diese Uluris sind vielfach mit großer Geschicklichkeit gearbeitet, und Hakanei stellte sich vor, wie bezaubernd jenes winzige Baststückchen den mädchenhaften und wohlgeformten Körper Tiuvis schmückte.

Kräftig biß Hakanei in den duftenden Maniokfladen, löschte seinen Durst mit dem kühlen Bejuwasser und dachte gerade darüber nach, ob jetzt wohl der rechte Zeitpunkt gekommen sei, um seine Einladung, von der sie natürlich längst wußten, vorzutragen. Da wurden seine Gedanken abgelenkt von einer Gruppe junger Mädchen, die lachend und schwatzend den Pfad zum Seeufer hinuntereilten, um dort Wasser zu schöpfen. Nun war es mit seiner Geduld zu Ende. Hatte er bisher seine Gefühle unterdrückt und versucht, sich einzureden, in der verehrenden Erwartung läge mehr Kraft und Freude als in der

Tat, so sprang er jetzt auf und eilte den Frauen nach zum flachen Ufer des Sees. Hinreißend war der Anblick, der sich ihm dort bot. Mit Schwung warfen die Mädchen ihre Töpfe in den seichten See, bis sie langsam auf dessen Grunde versanken. Das machte gar nichts, denn während der Trockenzeit ist der Wasserspiegel bis weit hinaus kaum höher als einen Meter, darunter der herrliche weiße Sand. Nun, der Töpfe entledigt, konnten sie sich ihrem Vergnügen widmen und tauchten mit ihren schlanken Leibern selber unter, drehten sich mit geschmeidigen Bewegungen wie große glitzernde Fische in den klaren Fluten; tauchten auf, schüttelten die Wasserperlen von ihrer braunen, glänzenden Haut, streckten die Arme zur Sonne und standen da wie kleine Bronzestatuen, in die das Licht des Himmels fließt. Dann knieten sie sich ins flache Wasser und schrubbten ihre Töpfe mit dem feinen Sand, den ihnen die Natur als bestes Reinigungsmittel lieferte. Bevor sie ihre Arbeit beendeten, sah Hakanei endlich, was er schon lange gesucht. Ein junges Mädchen, schön, wie er es in all seinen Träumen geschaut, warf sich noch einmal mit dem Rücken ins Wasser, tauchte den Kopf unter und ließ das lange schwarze Haar in den Fluten fließen. Danach sprang es hoch, beugte sich leicht zurück, und mit geübtem Griff klatschte es die nasse Mähne gegen seinen Rücken, griff nach dem gefüllten Topf, setzte ihn auf den Kopf und schritt zum schmalen Pfad, wo Hakanei sie erwartete. Tiuvi ging langsam auf ihn zu, mit gesenkten Lidern, die ihrem Blick etwas Scheues, sehr Liebliches gaben. Ihre Stimme war leise und weich. Hakanei schaute auf ihre perlweißen kräftigen Zähne, die ganz gerade nebeneinander standen, umrahmt von vollen roten Lippen. Er schlich um sie herum, streichelte ihre schwarzen nassen Fransen aus dem Gesicht und lachte sie ein wenig verlegen an. Nach langer Zeit erst trennten sie sich, flüsterten sich hastig ein paar Worte zu und gingen ihren Pflichten nach.

Das Adlerhäuschen

Frohgestimmt lief Hakanei nun wieder zum Dorfplatz, wo die Schamanen in der allmählich beginnenden Abenddämmerung ihre langen Zigarren rauchten. Sie gehörten zu den angesehensten Männern des Stammes, denn ihnen war die Macht verliehen, vor Unheil zu warnen, Krankheiten zu heilen und die bösen Geister zu vertreiben. Da saßen sie friedlich beieinander, pafften gemütlich ihren in grüne Blätter gewickelten Tabak, durch die sie ein kleines Holzstäbchen gesteckt hatten, und bliesen den Rauch vor sich hin. Aus der Hütte drang der würzige Duft von Fischen, die auf einem Stangenrost brieten. Er war auf einfache Art aus Stäbchen gebildet, festgehalten durch drei Holzstangen, die wie eine Pyramide aufgestellt waren.

Die Stimmung beim langsam verglühenden Feuer war so friedlich, daß Hakanei spürte, nun sei der rechte Augenblick gekommen, seine Einladung den Hausältesten vorzutragen. Er berichtete vom großen Fest, das der Stamm der Kalapalo in Kürze zu feiern gedenke, und von dem Wunsch seines Häuptlings Bororó, den befreundeten Stamm der Kamayura hierzu einzuladen. Man wiegte wohlwollend den Kopf, bemühte sich, nicht allzusehr Freude und Genugtuung zu zeigen, und gab dann gelassen die Zusage.

Hakanei, überglücklich, seinen Auftrag erfolgreich ausgeführt zu haben, konnte nun, bevor er sich in der ihm zugewiesenen Hütte zur Nachtruhe begab, der Aufforderung Mativitas folgen, mit ihm den Käfig des Harpyra-Adlers zu besuchen. Mativita, ein bedeutender alter Zauberer, dessen Prophezeiungen man im Dorfe der Kamayura große Bedeutung beimaß, legte freundschaftlich seinen Arm um die Schulter des jungen Kalapalo und zog ihn von den anderen fort. Langsam ging er mit ihm zum Adlerhäuschen, wo »Ouiarapa«, der Liebling des alten Schamanen, schon freudig mit seinen mächtigen Flügeln schlug. Diese Königsadler werden in allen Xingudörfern sehr verwöhnt, und man hält sie als eine Art Maskottchen oder Glücksbringer. Die Indianer stecken ihnen nur die allerbesten Brokken zu und ernähren sie mit großen Vögeln oder anderen lebenden Tieren. Die Federn des Adlers sind sehr begehrt für die Herstellung von Pfeilen und allerlei Schmuck. Mativita hatte heute als besonderen Leckerbissen ein kleines Äffchen für »Ouiarapa« mitgebracht, und als er mit dem kleinen Säugetier dem Käfig näher kam, sollte Hakanei Zeuge eines reizenden Gesprächs werden. Mativita unterhielt sich längere Zeit und voll Ernst mit dem Adler, der im Käfig auf einer Querstange ungefähr einen Meter über dem Erdboden saß und den sofort von ihm getöteten Affen in seinen Krallen hielt. Von Zeit zu Zeit hackte er mit seinem scharfen Schnabel in das Affenfleisch, aber als der Schamane anfing zu sprechen, hörte er gleich zu picken auf, drehte seinen Kopf herum, und auf die leise beruhigende Stimme Mativitas folgte seine Adlerantwort ebenso freundlich und genauso ruhig. Es war ein regelrechtes Zwiegespräch, ja, es wurde so lebhaft, daß sie oft im gleichen Augenblick etwas zu sagen schienen. Aber was? »Ich habe dir diesen zarten jungen Affen mitgebracht, oder hätte ich lieber einen Papagei fangen sollen?« – »Nein, nein, ich bin ganz zufrieden mit diesem Vierbeiner, da reiche ich bis morgen«, krächzte der Adler zurück. »Bist du ein wenig heiser?« fragte nun der Schamane. »Nein, nein, aber das Sprechen geht nicht mehr so recht wie früher, bin halt schon alt.« Mativita wollte auch noch wissen, ob der Geier am Tor zur Milchstraße seinem Schamanenkollegen vom Stamme der Waura, der kürzlich sein Kwarup hatte, den Eintritt ins Paradies verwehrt habe oder ob er von ihm bezwungen worden sei. Der Adler »Ouiarapa« richtete sich majestätisch auf und schrie eine nur dem Zauberer verständliche Antwort zurück, und Mativita begriff sofort, daß er darüber in Gegenwart von Hakanei nicht reden wolle. Schnell ließ der Adler sich auf den Boden nieder, ohne den Affen aus seinen Krallen zu lassen, auf den er immer wieder einhackte. Die vielen Federn, die auf der Erde lagen, stoben durch den starken Flügelschlag in die Luft und sogar durch die schmalen Zwischenräume der schräg stehenden langen Stangen, die wie ein Indianerzelt in einer Spitze zusammenliefen. Sie flatterten bis vor Hakaneis und Mativitas Füße, und gütig lächelnd forderte der Ältere den Jüngeren auf, sich eine besonders große und prächtige Feder als Andenken mitzunehmen. In einer Kalebasse brachte Mativita noch ein wenig Wasser und fürchtete sich nicht, in den Käfig hineinzugehen. Hakanei sah voll Staunen zu. Welche Macht mußte Mativita haben, um das wagen zu können. Sanft und zahm saß der Adler wieder auf seiner Stange und rührte sich nicht, ließ sich gefügig über das Gefieder streichen und sanft den Nacken kraulen. Hakanei war gewiß, daß er jedem anderen Eindringling, ohne zu zögern, die Augen ausgehackt hätte, denn er kannte den Anblick dieses stolzen Tieres, wenn es mit blitzendem Auge, gesträubten Nackenfedern und leicht gelüfteten Schwingen über einer Beute stand. So mag wohl eine lange Zeit vergangen sein, ohne daß es den beiden zu Bewußtsein gekommen war, und erst der leise aufkommende Nachtwind erinnerte sie daran, sich zur Ruhe zu begeben.

Mativita begleitete den Gast noch bis zu der im Osten des Dorfes liegenden halbleeren Hütte von Häuptling Takuma, und bevor Hakanei die Frage nach dessen Verbleib stellen konnte, war der kluge Schamane verschwunden. Prüfend verglich Hakanei die Häuser der Kamayura mit denen seines eigenen Stammes und stellte fest, daß sie sich in nichts voneinander unterschieden. Auch hier erhob sich über einem fast elliptischen Grundriß eine bienenkorbartige riesige Kuppel aus strohtrockenen Palmenblättern. Der First bestand aus starken Baumstämmen, deren knorpelige Wurzeln wie eine riesige Spinne ihre Arme in die Luft streckten. Diese Giebelzeichen waren Opfer und Geschenke der Bewohner an die Dämonen und Geister, im Glauben, daß sie auch als Abwehrzeichen gegen alles Unheilvolle und Böse Schutz bieten würden. Vier mächtige Pfosten stützten die Rundbogen im Innern und dienten gleichzeitig zur Befestigung der vielen Hängematten, die strahlenförmig von zwei Pfählen zu etwas schwächeren, gut mannshohen bis zur Außenwand führten. Hier entdeckte Hakanei den einzigen Unterschied zu den eigenen Stammesbräuchen: Als weiteres Abwehrzeichen und Schutz hatten die Kamayura um einen der Pfähle eine prachtvolle Anakonda gemalt, und in einer Ecke entdeckte er auf einem Stückchen Lehmwand das Bild eines jungen Indianerpaares.

Von den ewigen Feuern, die Tag und Nacht nicht ausgingen, war das Innere verrußt, Stroh und Sparren glänzten teerig, und dicke Fetzen geschwärzter Spinnweben baumelten von der Decke. Im übrigen fand Hakanei auch hier alles, was die Indianer für ihr tägliches Leben brauchten. Angefangen von Pfeilbündeln mit Bogen, die an der Wand lehnten, bis zu den Paddeln aus schwarzem Holz und den eleganten Speeren. Von der Decke schaukelten die Maiskolben, die mit Hilfe der sie umhüllenden Blätter den einheimischen Vögeln nachgebildet und in der Dunkelheit kaum von ihren lebenden Vorbildern zu unterscheiden waren. All ihre Kostbarkeiten hatten sie zum Schutz gegen Mäuse sorgfältig an den Sparren befestigt. Da hingen ihre gefalteten Tuavis, in denen die wertvollen Tukan- und Ararafedern aufbewahrt werden. Da gab es feingeflochtene Proviantkörbe, bunte irdene Töpfe, dicke Holzmörser, Stampfer und Kalebassen. Große

Türme von getrocknetem Maniok, gleich Silos, standen im Zentrum der Hütte. Sie wurden ringsum festgehalten von Bambusgittern, die mit grünen Bananenblättern abgedichtet waren, damit nur ja kein Körnchen der kostbaren Nahrung verlorenging.

Hakanei suchte sich einen freien Platz, um seine Hängematte festzubinden, und schaukelte sich langsam in den Schlaf. Es war wunderbar kühl im Innern des saalartigen Raumes, und zunächst hörte man nur das leise Knistern der kleinen Feuer. Kolonnen von Ameisen spazierten zum Maniokturm und wieder zurück und trugen auf ihren Rücken graue Stäubchen wie winzige Mehlsäcke. Eine saubergefegte Miniaturstraße zeugte von ihrem Eifer und Fleiß, aber gleichzeitig auch von ihrer Intelligenz. Sie haben eine regelrechte Wegmarkierungssprache, indem sie ihre Pfade mit Duftstoffen kenntlich machen, mit deren Hilfe sie die Nestangehörigen auf eine Beute, wie hier den Maniokturm, hinweisen. Die übrigen Bewohner der Hütte lagen wie Hakanei zusammengekauert in einer Art Embryostellung in ihren Hängematten. Ab und zu stießen sie sich im Halbschlaf mit einem Fuß vom Boden ab, damit das angenehme Schaukelgefühl nicht aufhöre. Wenn das Feuer am Boden auszugehen drohte, reichte man im Vorbeipendeln nur kurz hinunter, um ein neues Scheit aufzulegen oder die verkohlte Spitze abzustoßen, daß die Funken fast bis zur Decke stoben. Alles langgewohnte Reaktionen zwischen Schlaf und Wachen.

Die kleinen Mädchen lagen an der Brust ihrer Mutter, und die Buben kuschelten sich wohlig und warm am Bauch des Vaters. Fing eines der Kleinen zu schreien an, wurde es so lange liebevoll und geduldig getätschelt, bis es wieder beruhigt einschlief. Wenn ein Säugling Hunger hatte, legte ihn die Mutter verschlafen an ihre Brust, und man hörte nur noch ein zufriedenes Saugen.

Mit fortschreitender Nacht mehrten sich die Geräusche. Durch den Spalt der angelehnten Hüttentür hatte ein Vampir Einlaß gefunden. Hakanei verspürte den leisen Wind seines Flügelschlages und war auf der Hut. Er wußte, daß diese Tiere mit ihren messerscharfen Zähnen besonders gern harmlose Schläfer angreifen. Vorsichtig setzen sie sich auf ihr Opfer und beißen eine kaum sichtbare Wunde in das Fleisch. Ihr Speichel enthält ein narkotisierendes Gift, so daß

Kaluene, der Kraftprotz der Kalapalo, war eitel und bösartig, aber stark wie ein Jaguar. Er besiegte den jungen Aritano, den Sohn des Yawalapiti-Häuptlings Kanato, im Huka-Huka-Ringkampf.

man keinen Schmerz spürt. Was aber noch schlimmer ist: etwas in ihrem Speichelsaft verhindert das Gerinnen des Blutes, und wacht der Verletzte nicht durch das leise, warme Rinnen auf, so kann er elendiglich verbluten. Hakanei war froh und erleichtert, als der Vampir wieder durch die Türritze verschwunden war, und hörte gar nicht hin, wenn Spinnen und Skorpione, aufgeschreckt durch hungrig suchende Feinde, von der Decke fielen und klatschend am Boden aufschlugen. Im Stroh der Wände huschte und wisperte es, wenn eine neugierige Mäusefamilie ihr Spiel trieb und sich im Schutze der Dunkelheit aus dem Versteck wagte. Hunde schlugen an oder rauften miteinander – dies alles waren für Hakanei gewohnte Geräusche, Begleitmusik seiner Nächte von frühester Kindheit an.

Kukueri, der alte Fischer

Lange bevor die Sonne im Osten den Horizont erhellte, und noch vor dem ersten Truthahnschrei, kletterte Kukueri aus seiner Hängematte; geräuschlos – um die anderen nicht zu wecken – zog er ein paar Pfeile aus dem Strohdach des Hauses, nahm den kleinen, sehr kostbaren schwarzen Bogen, mit dem er im dichten Dschungel am leichtesten umgehen konnte, und eilte auf verschlungenen, ihm wohlvertrauten Pfaden durch den dichten Wald, bis er den Fluß erreichte. Kukueri spürte einfach, wenn es Zeit war aufzustehen, und fühlte genau jenen Augenblick, wenn die nächtlichen Dschungellaute verebbten und hinüberflossen in das morgendliche helle Zirpen der Insekten. Auch nahm er wahr, wenn einer der dicken großen Frösche drüben am fast ausgetrockneten Flußarm vor lauter Müdigkeit zu quaken aufhörte. Die Nacht in den Urwäldern am Xingu ist lang – genauso lang wie der Tag.

Für Kukueri war es völlig gleichgültig, ob er immer zur gleichen Zeit aufstand. Er kannte keine Uhr und hatte keinen nach Stunden eingeteilten Zeitplan. Er aß sein Maniokbrot oder den geräucherten Fisch, wenn er Hunger hatte, und wenn man ihn fragte, wie weit es bis zum Kuluenefluß sei, wies er mit seinem Arm nach Osten, beschrieb den Halbkreis des Sonnenlaufs am Himmel und wiederholte diese Bewegung, bis sein Arm auf einen Punkt deutete, der knapp über dem westlichen Horizont lag. Dann wußte man, daß der Kuluene nicht an einem Tag zu erreichen war, aber gewiß am nächsten Morgen. Wollte ein Neugieriger gar von ihm wissen, wo er bisher die größten Fische gefangen habe, dann bezeichnete er das, wenn er mitteilsam war, mit: »Da, wo die Mehinaku gegen die Trumai gekämpft haben.« Jeder Indianer des Xingugebietes kannte diese Stelle ganz genau. Er verstand es wie seine Indianerbrüder, mit der Natur und ihren Gesetzen zu leben, ohne sie eigentlich zu kennen.

Längst war der waldumsäumte Pfad zu Ende, und Kukueri, aus seinen Gedanken aufwachend, sah vor sich den Fluß, der schmutzig, braun und träge dahinglitt. Hier und dort überzogen von einem schwimmenden grünen Blatteppich, auf dem die leuchtend violetten Wasserhyazinthen mit ihrer Farbe und ihrem Duft Bienen und

Schmetterlinge in ihren Bann zogen. Belebende Morgenwäsche war ihm das Untertauchen im Fluß. Wie alle Indianer, die niemals ihre Dörfer und deren nächste Umgebung verunreinigen, verrichtete er seine Notdurft im Wasser. Eilig vorbeischwimmende Fische und ein kleiner Piranyaschwarm brachten die Wasseroberfläche in Bewegung und sorgten dafür, daß auch der Fluß schnell wieder sauber wurde.

Nun begann er, den Fluß zu überqueren, und gleich Hakanei schlug er mit mächtigen Armbewegungen die hohlen Handflächen unter dem Wasserspiegel aneinander, damit der Knall der laut platzenden Luftblase den bösen Wassergeist verscheuchen und von seinem Weg fernhalten sollte. Seinen Geisternamen durfte er ja nicht aussprechen, sonst hätte es gleich ein Unwetter gegeben. Gerne hätte er ein wenig verweilt, um sich mit dem ruhig dahinfließenden Wasser oder jenem dicken Baum zu unterhalten, der seine blättrigen Äste weit über den Fluß breitete. Doch heute hatten sie Hakanei vom Stamme der Kalapalo zu Gast, und Kukueri mußte darauf sinnen, gute Jagdbeute zu machen, um den Gast angemessen bewirten zu können. Es begann auch schon heller zu werden, und er gab sich keinen weiteren Träumen hin, sondern schwamm schnell an das andere Ufer. In der linken Hand hielt er seine Jagdwaffe über Wasser, damit die hübschen blauen Papageienfedern an den Pfeilenden und die Sehne des Bogens nicht naß wurden. Mit dem rechten Arm und den Beinen machte er kräftige Schwimmbewegungen und erreichte bald die andere Uferseite. Ein kleines Krokodil lag, noch schlaftrunken, mit halbgeöffnetem Rachen im Sand. Es hatte gerade noch Zeit, im Busch zu verschwinden. Ein Mutum mit siegellackrotem Schnabel und einem lustig wippenden Federstrauß auf dem Kopf, lief aufgescheucht davon. Diesen truthahnähnlichen Vogel hätte er gern erwischt. Man könnte aus seinem Fleisch eine graue Suppe bereiten, die weitaus besser und kräftiger schmeckt als sie aussieht. Er hätte ihn auch mit ins Dorf nehmen können, denn diese Tiere lassen sich leicht zähmen. Über tote Baumstämme balancierend, eilte er weit bis in das Jagdgebiet der Mehinaku. Obwohl die Kamayura mit den Mehinaku schon seit einiger Zeit in Frieden lebten, fühlte er sich als Dieb und hoffte, keinem von ihnen zu begegnen. Aber Kukueri wußte, daß es gerade hier viele Tukane und Affen gab, deren Fleisch auch den Gast

Tiuvi, die Tochter des Häuptlings der Kamayura, war die Braut Hakaneis. Ihr Blick hatte etwas Scheues, sehr Liebliches.

vom Stamme der Kalapalo erfreuen würde. Der geräucherte Brüllaffe gibt eine besonders gute Mahlzeit. Man muß nur zunächst ein gewisses Mitleid mit dem Tier überwinden, wenn es über der Glut am Holzrost brät. Die langsam in der Hitze sich verkrampfenden Arme des erlegten Tieres erinnern zu sehr an die typische Haltung frierender Stammesgenossen, wenn sie in der Kälte ihre Arme über der Brust kreuzen und die Finger unter die Achsel klemmen. Dieses Bild verschwand aber sofort vor Kukueris Augen, als er ein Geheul vernahm, das ihn eine ganze Herde von Brüllaffen in den Bäumen vermuten ließ. Er kannte seit seiner Kindheit die Gewohnheit dieser »Makakos«, wie die Indianer in ihrer Sprache alle Affen nennen, und wußte, daß sie immer in Gruppen leben und sich nur in ganz hohen Bäumen bewegen. Dort hocken sie, meist ein wenig gebückt, und schlingen ihren langen Kletterschwanz in mehreren Windungen um den Ast. In einer Stunde hätte Kukueri das wunderliche Geschrei nicht mehr vernommen, denn sie heulen nur am ganz frühen Morgen sowie am Abend und mit Unfehlbarkeit vor dem großen Regen. Es sind vor allem die Männchen, die das geradezu ohrenbetäubende Geheul durch die Wälder senden können, weil ihnen die Natur hierzu ein blasig aufgetriebenes, stimmverstärkendes Zungenbein geschenkt hat. Plötzlich brach das Gebrüll ab, und Kukueri versuchte die auf einmal so schweigende Affenfamilie zwischen den grünen Blättern zu entdecken. Durch eine Lücke im Laub erkannte er sechs ziemlich große Tiere, deren seidiges, langes, rotbraunes Fell sich prachtvoll von dem grünen Laub abhob. Er mußte wohl eine unbedachte Bewegung gemacht haben, denn unter Anführung des Männchens schwangen sie sich plötzlich mit Armen und Greifschwänzen noch höher im Baum hinauf und waren bald im dichten Gewirr von Blättern und Lianen verschwunden.

Ein wenig enttäuscht wendete sich Kukueri nun wieder seinem Pfad zu und erschrak. Auf dem Boden entdeckte er die Schleifspuren großer und kleiner Schlangen. Verfolgte er diese, so endeten sie fast immer in Erdlöchern, in denen sie sich bei Tagesanbruch verkrochen, um sich erst in der Nacht an ihre Beute heranzuschlängeln.

Der Kamayura war kein Freund dieser schleichenden, lautlosen Tiere. Eine winzige Wunde am Ballen seiner linken Hand erinnerte ihn fast täglich an eine seiner scheußlichsten Begegnungen mit diesen

Halita war ein Mädchen vom Stamm der Waura und begabt in der Kunst der Töpferei.

gefährlichen Reptilien. Er war auf einem seiner vielen Streifzüge durch die feuchten Dschungelwälder gewesen, als ihn eines Tages die Farbenpracht und das Gekreische eines Ararapärchens oben in den Baumästen nur für Sekunden vom Pfade ablenkten und er über eine dicke Wurzel stolperte. Um den Sturz ein wenig abzuschwächen, streckte er beide Hände nach vorn und griff mit ihnen ins feuchte Gras. Ein schmerzhafter Stich ließ ihn zunächst ein Insekt oder eine Stachelratte vermuten, als er plötzlich den schwarzen Schlangenleib mit den typischen goldgelben Dreiecken sich davonringeln sah. Angstvoll schaute er auf seine Hand und erkannte die winzigen Einstiche der Schlangenzähne. Er wußte sofort, daß es eine Surucucu oder Buschmeister gewesen war, die ihn gebissen hatte, denn sie unterschied sich leicht von den anderen Arten durch ihre leuchtende gelbe Farbe und einen Dorn am Ende ihres oft drei Meter langen Körpers. Sie ist die größte giftige Landschlange Amerikas, ihr Gift ist allerdings nur sehr schwach. Es genügte also, daß er mit der Makakoknochenspitze seines Pfeiles fest über die kleine Wunde kratzte und so das zum Teil an der Oberfläche verbliebene Gift abwischte. Wie erleichtert mußte Kukueri sein, daß es nicht die berüchtigte Korallenschlange war, auf deren Körper er sich im Hinfallen gestützt hatte, und es schauerte ihn noch heute bei dem Gedanken, dieses gefährliche Tier hätte ihm sein Gift in den Körper spritzen können. Es wäre sein sicherer Tod gewesen. Dabei sah es so gar nicht nach Bösem aus. Herrlich sein korallenroter Körper, abwechselnd mit schwarzen, gelben und bläulichen Querstreifen geringelt.

Kukueri hatte Jagdglück und kam deshalb schon zu Mittag mit einer großen Ladung Fische in das Dorf zurück, empfangen von einer lachenden und johlenden Schar Buben, die am Übergang vom Dschungel zum Dorf ihre ersten Schießübungen machten. Noch war alles nur kindliches Spiel und diente dem reinen Vergnügen. Aber das Zielen auf die halbreifen gelbgrünen Papayafrüchte, die sie vom Baum gepflückt hatten, übte das Auge und schärfte den Blick. Traf einer der kleinen Schützen die Frucht mitten ins Herz, wurde der Erfolg mit lautem Jubel belohnt.

Oben:
Nach dem großen Huka-Huka lagen die Kalapalo müde in ihren Hängematten.
Unten:
Die Kinder suchen Schutz und Wärme bei ihren Müttern.

Einige Wolken, die in ihrem langsamen Flug von Zeit zu Zeit die sengende Sonne verdeckten, gaben den arbeitenden Frauen hinter den Hütten willkommenen Schatten. Zahme Dschungeltruthähne stolzierten gelangweilt über den Dorfplatz, und wenn sie ihre Flügel schlugen, gab es eine riesige Staubwolke. Kukueris Frau hatte ihn schon von weitem auf dem Pfad sich dem Dorf nähern sehen. Freudig bemerkte sie, wie reich die Fischbeute war, die von beiden Stockenden über seine rechte Schulter baumelte. Sie fachte schnell das Feuer an und legte eine große runde Tonplatte auf die lodernden Flammen. Heute hatte er etwas Besonderes verdient. Sie zerrieb die beste Sorte Maniok mit der flachen Hand durch ihr Sieb, und die feinen Brösel verteilte sie gleichmäßig über die inzwischen heiße Platte. Auch Hakanei, den Gast, vergaß sie nicht, und während der erste Fladen langsam braun wurde, bereitete sie schon den nächsten vor. Genau im richtigen Augenblick drehte sie den Fladen um, goldbraun und knusperig lag er nur noch für wenige Minuten auf dem Feuer, bis sie die frisch duftende Köstlichkeit einmal umschlug und geschickt auf die Bastmatte am Boden warf. Bevor sie die zweite Portion auf die Platte böselte, kratzte sie mit einem halbmondförmigen Holzspachtel die angesetzten Krumen ab, die später auch noch ihre Verwendung finden sollten. All dies geschah flink und ohne große Mühe. Dabei saß sie in der typischen Frauenstellung, seitlich den Körper leicht abgeknickt, auf den sechs runden dicken Ästen einer Buritipalme. Da es den Frauen nicht gestattet war, erhöht auf einem Schemel zu sitzen, hatten sie sich diesen Sitz erdacht. Wie ein Rolladen wurden die starken Äste von einer Schnur zusammengehalten, und es entstand eine Unterlage, die sie vor den lästigen Ameisen und Sandflöhen schützte.

Auf dem Dorfplatz vor einer Hütte saß eine alte Frau am Boden, die einen großen Haufen Baumwollsamen neben sich liegen hatte. Mit schon etwas zittrigen Fingern löste sie die schneeweißen Samenhaare aus den aufgesprungenen walnußgroßen Fruchtkapseln und zupfte sie zu einer handtellergroßen Flocke. Darauf legte sie eine zweite Flocke, und mit einer Spindel, die sie schnell kreisen ließ, wurde der Faden gedreht und um das Stöckchen gewickelt, bis ein dicker Kegel entstand. Der einfache Webstuhl befand sich im Inneren der Hütte und bestand aus zwei in die Erde getriebenen Pfählen, die etwa einen halben Meter hoch waren und in der für eine Hängematte erforderlichen Distanz voneinander standen. Wie viele solcher Hängematten hatte diese Alte im Laufe ihres langen Lebens schon gefertigt! Zunächst schlang sie als Kette die starken Buritischnüre um die Pfosten hin und her, und mit einem Stäbchen zog sie als Schuß die weichen Baumwollfäden auf und ab. Beides, Baumwollschuß und Buritifaserkette, knotete sie dann mit viel Geschick zur Hängematte.

Nicht weit von ihr hockten zwei junge Frauen und entlausten sich. Es war fast ein Ritus, und immer nur entlausten die Frauen ihren Mann, die Kinder oder andere Frauen. Niemals hätte sich der Mann dazu herabgelassen, seiner Frau diese kleinen Schmarotzer abzulesen. So saßen sie friedlich da, eine hinter der anderen, und verrichteten mit Geduld die recht mühselige Arbeit. Hatten sie eines der Tierchen gefangen, reichten sie es mit zierlichen Fingern über die Schulter der Besitzerin als Leckerbissen zu. Nie hätten die Indianer eines dieser Wesen getötet, denn da sie vom Blute ihres Wirtes lebten, galten sie auch als ein Teil der menschlichen Seele, und sie aßen die Läuse, um sie dadurch wieder an ihren Ursprung zurückzuführen, und nichts von ihrer eigenen Substanz zu verlieren.

Obwohl das Dorf im Schatten einer dicken Wolke lag, glitzerte die Wasseroberfläche des nahen Sees wie pures Silber, wenn es einem Sonnenstrahl gelang, pfeilgerade ein Wolkenloch zu durchdringen. Die Hütten schmiegten sich still, bescheiden und doch voll Leben in die Landschaft. Genau da, wo sie sein mußten, gleichsam wie aus dem Erdboden gewachsen. Die Indianer hatten es verstanden, ihre Kultur dem Dschungel vertraut zu machen. Wo sie siedelten, war keine Wildnis mehr, und die Familien konnten glücklich dort leben.

Als Hakanei sich vom Stamme der Kamayura verabschiedete, um mit seinem Auftrag weiterzuziehen, hatte er ihre feste Zusage zum Kwarup bekommen. Auch Tiuvi hatte ihm zu verstehen gegeben, daß ihr Vater, einer der angesehenen Hausältesten, nichts gegen eine Heirat einzuwenden habe und sie zum Totenfest mit in Hakaneis Heimatdorf brächte. Obwohl Wunder auf dieser Welt so selten geworden sind wie Fische in einem Flußbett zur Trockenzeit und von einigen wenigen Indianern am Posto Leonardo, die für alles und jedes eine Erklärung wissen, angezweifelt wurden, wurzelte der Glaube an sie doch noch tief im Herzen Hakaneis. Er, der noch den Quellen zu lauschen verstand und die Sprache der Tiere kannte, hatte erneut den Beweis. Denn war es nicht Wunder genug, daß, bevor der Mond zum zweiten Male voll wurde, Tuivi, das liebreizendste, lustigste Indianermädchen, in der vom Vater befestigten Hängematte in seiner Hütte unter ihm schaukeln würde? Und war es nicht auch die Erfüllung jenes guten Omens, gegeben von Schmetterling und Kolibri im Pikibaum, daß alle Krieger der Kamayura am Kwarup teilnehmen würden? Er nahm seine Habe, vergaß auch nicht die Feder des alten Adlers, die ihm vor die Füße geflattert war, und zog in den Mittag hinaus und befahl seinem rechten Fuß, an Schnelligkeit den linken auszustechen, und er wurde beim Laufen über Savannengras und Flußläufe hin zum Stamme der Yawalapiti so froh, wie er sich selten gefühlt.

Oben:
Die Ernte war gut gewesen, und die armdicken Maniokwurzeln wurden von der Rinde befreit.
Unten:
Ihre kleine Welt am See der Glückseligkeit bot den Kalapalo alles, was sie zum Leben brauchten.

Wuri-Wuri

Auf langen Botengängen werden die Augen wachsamer, die Sinne aufgeschlossener und die Stimmung heiter und gelöst. Das spürte auch Hakanei und wanderte nach einem nächtlichen Biwak weiter zum Dorf der Yawalapiti. Wieder überquerte er kleine Flußläufe, deren Lehmböden von der Hitze tiefe Risse hatten, hörte in der Morgenfrühe das Brüllen der Affen und beobachtete, wie sich langsam der Dunst über dem Tuatuariflüßchen hob, an dem das kleine Yawalapitidorf lag. Er wußte, daß von dem einst tapferen und fleißigen Stamm nur noch zwölf Indianer übriggeblieben waren, weil die von den Weißen eingeschleppten Krankheiten Grippe und Masern ihn fast ausgerottet hatten. Es war das Verdienst der Brüder Villas Boas, daß die wenigen, die noch übriggeblieben waren, heute gesund und stark in ihrem kleinen Dorf lebten und alle Aussicht hatten, sich wieder zu vermehren. Man konnte hoffen, daß sie bald wieder eine größere Ansiedlung bildeten. Vorläufig lebten sie in nur drei Hütten, und auch das Flötenhaus kam Hakanei recht verwahrlost vor.

Wie immer hatte der Buschtelegraf die bevorstehende Ankunft eines Boten angekündigt; denn kaum betrat Hakanei den kleinen Dorfplatz, kam ihm schon Kanato, der große Häuptling, freundlich grüßend entgegen. Sein Anblick verriet, weshalb gerade er der Häuptling war. Stolz saß sein ernstes Gesicht mit klugen, prüfenden Augen auf sehnigem Nacken und Schultern. Seine Muskeln waren vom vielen Paddeln und Ringen prachtvoll ausgebildet, und gleich Hakaneis Lianenfasern hatte er dicke Baumwollbänder um Wade und Oberarm gewickelt, so daß sie mächtig herausquollen und ihm das Aussehen noch größerer Stärke gaben. Sein nackter Körper war über und über mit Uruku beschmiert, und der Kranz seiner mit roter Paste verklebten Haare stand steif rings um seinen Kopf, verziert mit einem kunstvollen Ornament. Die Muschelkette um die Hüfte und die Jaguarkrallen um den Hals mußte er wohl erst kürzlich mit Flußsand gewaschen haben, denn sie glänzten in strahlendem Weiß.

Es war noch früh am Morgen, und ein leichter Nebel, vermischt mit dem Rauch aus den Hütten, lag über dem Dorf der Yawalapiti. Aus dem Hause des Häuptlings hörte man das lebhafte Gerede, das die

Arbeit der Frauen begleitete. Eine von ihnen war sicherlich Tepuvi, die Tochter Tamapos. Hakanei erinnerte sich noch an die Geschichte, die man überall erzählte, als Kanato sie beim Stamme der Kamayura gesehen und bald darauf als seine Frau mit zu den Yawalapiti genommen hatte. Er freute sich, Tepuvi, die Tochter des berühmten Häuptlings, zu sehen und auch ihren erst fünfzehnjährigen Sohn Aritano, von dessen Klugheit und Stärke die Kunde bis zu den Kalapalo gedrungen war. Kaluene, der Kraftprotz im Kalapalodorf, wartete deshalb auch schon ungeduldig auf die Begegnung mit Aritano beim Huka-Huka-Ringkampf während des Totenfestes.

Plötzlich horchte Hakanei auf. Ein »Wuri-Wuri« sauste durch die Luft. Er kannte genau dieses unbeschreibbare Sausen und Dröhnen; hier mußte ein Meister am Werke sein, so hoch und rein klangen die Töne an sein geübtes Ohr. Viele Namen trägt dieses Schwirrholz der Xinguaner, und immer war Hakanei die Bezeichnung der Kamayura, »Wuri-Wuri«, als die glücklichste erschienen, da es ein echter Klangname war und genauso tönte wie das Schwirren des Holzes in der Luft. »Matapu« sagten die Yawalapiti und meinten das gleiche: jenes schmale Stück Holz, wie ein Fisch geformt und mit einem Loch in seinem Schwanz, durch das sie einen kräftigen Strick zogen. Dieser war am dünnen Ende eines knotigen, drei Meter langen biegsamen Astes befestigt, an dem sie es durch die Luft sausen ließen. Es hatte einen brummenden, auf- und abschwellenden unheimlichen Ton und war von Geheimnis umwoben. Aus diesem Grunde wurde es bei den meisten Stämmen vor den Augen der Frauen ängstlich verborgen und als geheimnisvoller Kultgegenstand im Flötenhaus aufbewahrt. Immer war das »Wuri-Wuri« mit roten und schwarzen Farben bemalt, wobei Fisch- und Fledermausrauten oder Schlangenornamente am beliebtesten waren. Verständlich, daß solch ein Gegenstand den Schamanen vorbehalten blieb. Sie allein waren es ja, die damit umzugehen verstanden, Unheil bannten oder Wohltaten von den Geistern erbaten, so wie jener alte Schamane, dessen Schwirrholz Hakaneis Ohr vernahm und der am Flußufer stand, um die Seelen der während der Trockenheit abgewanderten Fische zurückzurufen. Hakanei ging ganz in seine Nähe, um zu beobachten, wie er diese reinen hohen Töne erzeugte. Ganz langsam brachte der Schamane das Holz in Drehung, indem er die Spitze richtig kreiste, begann er ihn in hohen Bögen schneller und immer schneller zu drehen, bis er in Schwung kam, dann in die Knie ging und selbst mit aller Kraft nicht mehr schneller drehen konnte. Dabei gab es je nach Geschwindigkeit höhere und tie-

fere Laute, bis die Luft von so hohen Tönen erzitterte, die nur in rasendem Tempo hervorzubringen waren.

Ähnlich eng wie bei den Kamayura und Yawalapiti ist auch die Verbindung von Wort, Klang und Bedeutung des »Wuri-Wuri« bei einem anderen Stamm. »Jelo« nennen sie das Schwirrholz, und gleichzeitig ist »Jelo« auch die Bezeichnung für Blitz und Donner. So wie das Gewitter die Flüsse ansteigen läßt und damit die Fische bringt, so ruft der Zauberer mit den dumpf geheimnisvollen Lauten, zwischen denen die hohen Töne wie Blitze aufzucken, die Fische zurück.

Freundlich forderte der Häuptling Hakanei auf, seine Hütte zu betreten, welche die Frauen mit ihren Kindern inzwischen verlassen hatten. Die Luft in dem weiträumigen Haus war von mancherlei Düften geschwängert. Es roch nach Fischen, die auf einem Holzrost brieten, nach Teer und angenehm nach Pikiöl und Uruku. Hakanei bemerkte, daß die Behausung Kanatos Dinge barg, die sonst nicht zum Inventar der Indianerhütten gehörten. Es lag wohl an der Nähe des Posto Leonardo, daß man das begehrte Pikiöl hier in Glasflaschen aufbewahrte, und hinten im Halbdunkel erkannte er sogar zwei alte schäbige Pappkoffer, auf deren eingebeulten Deckeln fremdartiges Kinderspielzeug herumlag.

Und endlich, hier im Schatten der Hütte, traf Hakanei auf jenen Mann, dem er eigentlich schon im Dorfe der Kamayura zu begegnen gehofft hatte. Es war Takuma, der Sohn des verstorbenen berühmten Häuptlings Tamapo. Durch die Heirat seiner Schwester Tepuvi mit Kanato verbanden ihn enge verwandtschaftliche Beziehungen zu den Yawalapiti. Sie gewährten ihm Unterschlupf, denn bei seinem eigenen Stamme, den Kamayura, war er ein Verachteter und Ausgestoßener und mußte um sein Leben fürchten. Seine Welt hatte im Laufe der Zeit ein anderes Gesicht bekommen. Für ihn war es nicht mehr höchstes Glück, am Flußufer zu sitzen und den Stimmen der Natur zu lauschen. Andere Geräusche lockten sein Ohr. Am Posto Leonardo, wenn das Flugzeug landete und die Motoren aufbrausten, begann

Oben:
Kukueri sah auf weite Entfernung jeden Fisch in den grauen Fluten des Kulueneflusses.
Unten:
Einer der Indianer quirlte mit geschickten Händen so schnell, bis ein zartes Rauchwölkchen den Erfolg anzeigte.

sein Herz zu schlagen. Dort, von wo dieser Riesenvogel herkam und wohin er wieder flog, schien ihm das wahre Paradies zu liegen. Dahin lockte es ihn. Welche unbekannten Annehmlichkeiten mußte es bei diesen Weißen geben, schmeckten doch schon ihre kleinen Zigaretten viel besser als der heimische Tabak. Ihm waren die Erzählungen der Schamanen einfältiges Gerede gegenüber den greifbaren Wunderdingen, die den Weißen selbstverständliches und tägliches Handwerkszeug waren, und er glaubte in wenigen Jahren überspringen zu können, was jahrhundertelange Entwicklung erst möglich gemacht hatte. Als Zeichen seiner Stärke hatte er sich kleine Flugzeuge auf die Wangen gemalt, die dünkten ihm ein weit besseres Omen als Jaguar oder Schlange. Auch die Türschwelle gegen den Regen an seinem Häuptlingshaus hatte er den Weißen nachgeahmt. Er hatte sie am Posto Leonardo gesehen und, da er intelligent war, ihren Zweck sofort begriffen. Ein klein wenig sicherte er sich allerdings doch noch ab. Man konnte nie genau wissen, ob die Geister nicht gegen solcherlei Neuerungen zürnten, und so malte er an den schrägen Hausbalken seiner Hütte zwei Anakondas, die sich mit erhobenen Köpfen anzüngelten.

Hakanei kannte die Einstellung von Takuma und konnte nicht recht begreifen, was jenen bewogen hatte, dem Althergebrachten zu entfliehen, um ohne Ziel und Tätigkeit das Neue zu bestaunen und nachzuahmen. Jene Welt der Weißen am Posto Leonardo, die Hakanei in ihren Sitten doch recht zweifelhaft vorkam. Ein wenig tat er ihm auch leid in seiner Zerrissenheit, denn er war einsam geworden und gehörte weder zu seinen Stammesbrüdern noch zu den Herren am Posto Leonardo. Ob er wohl noch einmal der Einladung zum Totenfest folgen würde?

Hakanei hatte die Aufforderung seines Häuptlings Bororó schon an Kanato übermittelt und eine zusagende Antwort von ihm erhalten. Kanato war ein traditionsbewußter Mann, stolz und mit seinen Gefühlen sicher im Althergebrachten ruhend. Er freute sich auf das Kwarup und auf den Kampf der Stämme gegeneinander. Wenn auch seine wiedererstarkte kleine Gruppe nicht wie seine Väter mit zweihundert Mann zum Kampfe antreten konnte, so waren die sechs Männer, mit denen er teilnehmen wollte, vor allem sein Bruder Sarirura, genauso angesehen wie ihre Vorfahren. Auch wollte er zum erstenmal seinen Sohn Aritano mitbringen, von dem er sich große Leistungen erhoffte. Vielleicht könnte er sogar schon in diesem Jahr Einzelsieger der Huka-Huka-Kämpfe werden. Der junge Aritano lebte gerade in seiner letzten Klausur, die gleich den vorangegangenen einige Monate dauerte und zum Kwarup beendet sein würde.

Während der Pubertät sind Knaben und Mädchen für eine vorgeschriebene Zeit völlig von ihren Stammesgenossen isoliert. Auch Aritano lebte in dem abgetrennten Viertel seiner Hütte, die er allerhöchstens einmal in der Nacht verlassen durfte. Er hockte einsam auf einer Bastmatte, die ihm auch zur Verrichtung seiner Notdurft diente, da es ihm nicht einmal gestattet war, die Erde zu betreten. In dieser Zeit, bevor die Jünglinge zu Männern erklärt wurden und die Reifefeiern stattfanden, erlernten sie in ihrer Abgeschiedenheit alles über die Gesetze ihres Stammes, die Familie, vergangene Geschlechter und wurden mit den zahlreichen Mythen der Indianer vertraut gemacht.

An diesen Prüflingen sah man noch die echte und natürliche Tönung der Haut, die eher hell oder gelbbraun zu nennen ist. Erst durch den Gebrauch des Uruku und die Strahlen der Sonne bekamen sie ihre typische rote Indianerfarbe. Stundenlang waren sie in ihrer Klausur damit beschäftigt, das Flötenblasen zu üben, und Hakanei hörte im Vorübergehen die traurigen Töne, die Aritano oder ein anderer Knabe dem Instrument entlockte. Aritano hatte schon, wie es Brauch bei den Kamayura war, seinen neuen Namen bekommen, denn bis zur Reifefeier trugen die Jungen oder Mädchen irgendeinen Namen ohne besonderen Sinn. Vom Tage der Pubertät an wurden sie nach einem Vorfahren benannt, und so entstand eine enge Verbindung, die auch symbolisiert war in den Totenpfählen, die zwar für die Verstorbenen des vergangenen Jahres aufgestellt wurden, aber gleichzeitig davon erzählten, daß der große Mavutsine und seine Jaguarfrau die ersten des Stammes waren und ihre Kinder Sonne und Mond. Wenn Aritano und seine Gefährten der Klausur nun in den nächsten Tagen bei den Kalapalo um die Totenpfähle tanzen würden, dann hatten sie alle mit der Pubertätszeit verbundenen Vorbereitungen hinter sich. Die Knaben waren nun Männer, und die Jungfrauen durften als äußeres Zeichen ihrer Reife das Uluri tragen, jenes winzige Dreieck, das symbolisch ihr Erwachsensein zeigte. Hakanei, der sich auch bei den Yawalapiti seiner Aufgabe erfolgreich entledigt hatte, dachte nun an Aufbruch und Weitermarsch zu den übrigen Stämmen, die es noch einzuladen galt. Aber hastig soll man niemals sein, wenn man im Dschungel und in der Savanne läuft. Die Sonne am Himmel gibt die Zeit, und die aufeinanderfolgenden Tage sind wie der Fluß, der in ihren Augen nirgends aufhört. So schlenderte Hakanei in der Abenddämmerung erst noch einmal über den Dorfplatz und erlebte dabei eine rührende Szene. Zwei in der Klausur befindliche Jungen begossen sich in ihrer Hütte aus einer Kalebasse mit kühlem Wasser. Einer hatte sich einen Hocker zwischen die Pfosten der inneren Hauswand gestellt und sich ein winziges Loch in die Strohwand gebohrt. Es war so klein, daß man es von außen nicht bemerkte, aber er konnte mit sehnsüchtigen Blicken seine jüngeren und älteren Freunde auf dem Dorfplatz spielen sehen. Nur im Flüstertone rief er manchmal heimlich einen Wunsch hinaus, den die Erwachsenen nicht hören durften.

Zum Abschied ging Hakanei noch einmal zum Tuatuariflüßchen hinunter, schaute auf die porösen Steinbrocken, zerrissen vom Wetter, grau und moosfarben, dazwischen flache weiße Sandbänke. Hier herrschte Frieden. Ein alter Schamane hockte am Ufer und um ihn herum Männer und Frauen. Mit ruhiger und leiser Stimme erzählte er seinen gespannt lauschenden Zuhörern kleine Geschichten, und wie zur Bekräftigung seiner Worte unterstrich er diese mit lebendigen Gesten seiner Hände. Er hatte ihnen gerade von der Geburt der Zwillinge Keri und Kame berichtet, und nun sollte weiteres folgen:

»Eines Tages begegnete Keri dem Großvater ›Kampffuchs‹ und wollte gemeinsam mit ihm jagen. ›Kampffuchs‹, der Herr des Feuers, sollte das Savannengras in einem Kreis anzünden, damit alles Getier in dessen Mitte verbrenne. Sein dummer Zwillingsbruder Kame war aber zu dieser Zeit gerade in den Körper einer Maus gekrochen. Keri wußte nichts davon und dachte, Kame sei draußen. Als das Feuer niedergebrannt war, suchten Keri und der Großvater nach einer Beute. Keri fand nichts und ›Kampffuchs‹ eine tote, ganz verbrannte Maus, die er mit großem Hunger verspeiste. Als sich Keri und ›Kampffuchs‹ trafen, erkundigten sie sich nach ihrer Beute, und Keri fragte: ›Großvater, hast du etwas gegessen?‹ – ›Nur eine Maus‹, antwortete er. Da merkte Keri, daß ›Kampffuchs‹ seinen Zwillingsbruder aufgegessen hatte, und er dachte sich aus, wie er Kame, ohne den Großvater aufzuschneiden oder zu verletzen, wiederbekommen konnte. Er forderte den Großvater auf, mit ihm um die Wette zu laufen, eine lange Strecke. Als der Fuchs schließlich nicht mehr konnte und stille stand, mußte er sich übergeben und lief dann schnell davon. Keri fand lauter kleine Mäuseknochen, sammelte sie auf und blies sie an. Da erhob sich Kame und sagte: ›Wie gut habe ich geschlafen!‹ – ›Du hast überhaupt nicht geschlafen, der ›Kampffuchs‹ hatte dich gefressen.‹«

Nie herrscht Mangel für die Kinder an köstlich duftenden Maniokfladen.

Die heiligen Jakuiflöten

Inzwischen wurden im Dorfe der Kalapalo mit großer Geschäftigkeit die Vorbereitungen für das Totenfest getroffen. Alles geschah genauso wie vor unzähligen Jahren. Heiliger Eifer herrschte im Dorfe und am nahe gelegenen See, zeitlose Natur wie die Menschen auch. Vor hundert Jahren war es hier nicht anders. Von ferne quakten die Frösche und zirpten vereinzelt die Grillen, mehr war nicht zu vernehmen in der blendenden Mittagssonne, die alle Kreaturen Schutz vor ihrer brütenden Hitze suchen ließ. Hinter der Hütte, die am Pfad zum See hin lag, hatten die Kalapalo einen Teil ihrer Vorräte zum Trocknen ausgebreitet. Auf einem schattenspendenden, gitterartig geflochtenen Dach aus Bambusstäbchen, gestützt von vier dünnen Pfeilern, lagen Maniokkuchen, Fische und Maiskolben. Darunter, wie unter einem Baldachin, hockten Sarama und Jawapa, zwei junge Frauen, die schon seit Stunden ohne jede Ermüdung Pikifrüchte ausquetschten. Es waren die ersten Früchte der Jahreszeit, auf die sie schon mit Sehnsucht gewartet hatten. Das gewonnene Öl wurde aus dem Brei herausgekocht, und vorsichtig füllten sie den wertvollen gelben Extrakt durch ein kleines Loch in eine Kalebasse, die darauf mit einem Stäbchen verschlossen wurde. Geschickt schlang Sarama ein liebevoll gearbeitetes Netz aus Baumrindenfasern um das Gefäß mit dem kostbaren Inhalt und trug es in die Hütte, wo sie es an einem Dachsparren aufhing. Das Pikiöl diente vor allem dem Auflösen und Verschmieren des Uruku auf der Haut und in den Haaren. Je nach Menge des hinzugefügten Öles konnte man das Uruku dünner oder dicker machen. Sorgfältig bewahrten Sarama und Jawapa den restlichen goldgelben Pikibrei auf, denn er galt als Aphrodisiakum, und man schrieb seinem Genuß große Kräfte zu. Um stets genügend von diesem anregenden Nahrungsmittel vorrätig zu haben und die Zeitspanne bis zur neuen Ernte zu überbrücken, hatten sich die Indianerfrauen ein praktisches System der Konservierung ausgedacht. Das ausgequetschte Püree packten sie in große grüne Blätter und legten sie wie Kuchen an sicherer Stelle ins kühlende Fluß- oder Seewasser. Dort hielt es sich frisch, und auch die Fische hatten wohl keinen Appetit auf den Brei, denn er blieb von ihnen unangeknabbert.

Api, ein junger Kalapalo, der bisher ruhig und ohne sich zu rühren zugeschaut hatte, sprang plötzlich auf und holte ein ganzes Bündel Urukuzweige aus der Hütte, an denen die getrockneten Kapseln der Früchte hingen. Schon Wochen vorher hatten Frauen die Zweige von den Sträuchern gepflückt, die ganz in der Nähe des Dorfes wuchsen. Sie standen vereinzelt am Rande ihrer Siedlung, denn es genügten schon wenige, um den Bedarf des ganzen Dorfes zu decken. Häufig wuchsen sie auch entlang der Pfade, die zu den Feldern führten oder am Wegrand zum See.

Vor sich auf dem Boden die Büschel, öffneten Sarama und Jawapa die krachenden Kapseln und warfen die winzigen roten Samen in einen Topf. Die Masse wurde nun so lange mit Wasser gekocht, bis sich kleine faustgroße Ballen bilden ließen. Schöne, mit Ornamenten geflochtene Deckelkörbe standen schon bereit, um die roten Klumpen aufzunehmen.

In der Nähe des Flötenhauses wurde es bald lebendig; es war ein geheimnisvolles Tun und Wirken, Laufen und Geflüster. Aber man vernahm nur Männerstimmen, und keine der Frauen war weit und breit zu sehen, denn im Festhaus lag tief verborgen das Geheimnis der Jakuiflöten. Sie zu blasen, war seit Urbeginn nur den Männern gestattet. Heilig und zugleich schrecklich war das Wesen der Geister, die in ihnen wohnten, und wehe dem Frauenauge, das durch unglückliche Umstände oder Unachtsamkeit eine solche Flöte erblickte. Eine Ausgestoßene würde sie sein, eine vom ganzen Stamm Verfemte. Ohne Erbarmen würde man sie in den Dschungel jagen, sie hätte kein Heimatrecht mehr und wäre Freiwild für alle Männer. Fanden keine Feste statt, versteckte man die Jakuiflöten an nur den Männern bekanntem verschwiegenem Ort, umgeben von unwegsamen grundlosen Sümpfen im dichten Ufergestrüpp. Im Schutze der Dunkelheit, wenn kein verräterisches Mondlicht die nächtliche Landschaft erhellte, wurden sie leise und heimlich aus ihrem Versteck geholt, in dicke Matten eingewickelt und ins Flötenhaus getragen. Im Gegensatz zu den anderen Hütten hatte das Männerhaus keine Öffnungen. Sein Dach aus Sapegras reichte fast bis zum Boden, und die aus- und eingehenden Indianer mußten geschickt durch das herunterhängende Stroh kriechen. Schon seit Tagen lagen die Flöten hier im Verborgenen und warteten auf das bevorstehende Kwarup. Von Zeit zu Zeit schlich immer wieder ein Kalapalo in das Haus, um, seltsam angezogen vom Zauber der heiligen Instrumente, vorsichtig ein paar Töne auf ihnen zu blasen. Sie konnten der Versuchung einfach nicht widerstehen, den dumpfen traurigen Klang zu hören, und sie dachten dabei nicht an ihre Frauen, die jedesmal, aufgeschreckt durch diese Musik, fluchtartig den Dorfplatz verließen, sich in ihren Hütten versteckten und sich voll Entsetzen die Ohren zuhielten.

Die Jakuiflöten reichten gerade von den Lippen bis auf den Boden, wenn die Männer ihnen in Hockstellung ihre unheimlichen Klänge entlockten. Bambusrohr war ihr Material, und im unteren Teil der Flöte waren vier Löcher gebohrt, mittels derer sie mit Zeige- und Mittelfinger beider Hände die verschiedenen Töne hervorbrachten. Sie hatten sie nicht aus einem einzigen Bambus geschnitzt, sondern halbierten zwei dicke Rohre und klebten sie mit Bienenwachs wieder aneinander, um dadurch einen besonders dumpfen Klang zu erzielen. Zusätzlich umwickelten sie die Flöten an einigen Stellen mit Bast. Ihr Anblick war durch diese Kleberei und Flickerei recht unansehnlich und schmutzig, zumal die Bastfäden wenig ordentlich in die Gegend zipfelten. Aber merkwürdig, dies minderte keineswegs ihren Zauber und ihren Wert. Im Gegenteil, gerade wegen ihres Alters und ihres Schmutzes strahlten sie etwas Geheimnisvolles und Heiliges aus. Die Musik klang dunkel, oft weinend, manchmal auch ein wenig schaurig, wie der Nimbus, den die Indianer um sie woben.

Api und seine Vettern Tawaruku und Tewe hatten vom Häuptling Bororó schon vor einigen Tagen den ehrenvollen Auftrag bekommen, die Jakuiflöten ins Dorf zu bringen und im Männerhaus bis zum Kwarup zu verstecken. Dort lagen sie nun auf der Erde, zugedeckt mit einer Bastmatte, die immer wieder von einem neugierigen Kalapalo hochgehoben wurde, um einen ehrfürchtigen Blick auf dieses Heiligtum zu werfen.

Eine der wichtigsten Vorbereitungen zum Fest war das Beschaffen der drei Totenpfähle. Sie galten als das Symbol jeden Kwarups, und man konnte sie auch als Pfosten der Sonne bezeichnen, denn jedes Kwarup war ja im erweiterten Sinne eine Darstellung des indianischen Schöpfungsmythos und eine Gedenkfeier jenes Urbeginns.

Api, Tawaruku und Tewe, begleitet von sechs weiteren jungen und kräftigen Freunden, eilten in den nahen Wald, um aus dem verschwenderischen Reichtum der Natur drei geradegewachsene Laubbäume zu schlagen. Sie wußten um die Sitte: drei verschiedene Seelen, drei Bäume. Tawaruku entdeckte als erster kerzengerade, pracht-

Eine Gruppe junger Kamayura-Mädchen schöpfte lachend und schwatzend Wasser aus dem flachen See.

voll geeignete Stämme. Die Freunde stimmten seiner Wahl zu, und es dauerte bei dem Arbeitseifer der neun Burschen nicht lange, da standen die Pfähle unter einem riesigen, schattenspendenden Baum zur weiteren Bearbeitung. Als sie mit der Stahlaxt schnell den Baum gefällt hatten, erzählte der Älteste unter ihnen, wie er dabei gewesen war, als sein Vater einen Totenpfahl mit einem Steinbeil hatte schlagen müssen. Es dauerte damals zwei volle Tage, bis sie das gerade Stück von mehr als Mannesgröße herausgehauen hatten. Heute benutzten sie Stahläxte, und nach kurzer Zeit krachten die fallenden Baumriesen auf den Dschungelboden. Baumwollfasern, von den Frauen schon Tage zuvor gezupft und von dem inneren Kern befreit, wurden mit Harz auf das Haupt der Stämme geklebt und sollten das Haar der Toten darstellen. Sie waren gerade fertig, als, wie auf ein geheimes Zeichen, durch die Bäume des Waldes alle Männer vom Dorfe der Kalapalo erschienen. Ruhig versammelten sie sich um die drei Kwarups, und nur die zwei Schamanen traten aus dem Kreis heraus und begannen ihren feierlichen Tanz. In ihrer Rechten hielten sie die Maraca, jene samengefüllten, mit einem Bambusstöckchen durchbohrten Kürbisse, deren Rasseln ihren dumpfen Gesang rhythmisch begleiteten. Auch dieses Instrument ihrer Feste war von Geheimnis umwoben und wurde nur von den Schamanen benutzt. Niemals wäre man auf den Gedanken gekommen, diesen Kultgegenstand etwa einem Kind zum Spielen zu geben oder ihn achtlos in der Hütte herumliegen zu lassen. Im Rhythmus der Rasselkürbisse stampften sie mit vorgebeugtem Oberkörper und weichen Knien immerzu auf einem Fleck.

Inzwischen nahmen drei junge Männer unter fürchterlichem Stöhnen und Ächzen je einen der Baumstämme auf ihre nackten Schultern, um sie auf dem schmalen Pfad ins Männerhaus zu bringen. Bald trat die Prozession, angeführt von zwei Schamanen, aus dem Dschungel heraus und gelangte zur Dorflichtung. Jetzt änderte sich das Bild. Die Schamanen verließen die Spitze des Zuges und umkreisten die sich weiterbewegende Prozession mit gleichförmigen Stampfschritten und wildem Schütteln ihrer Rasseln. Da die Festhütte ja keine Öffnung hatte, krochen sie mühsam durch das überhängende Stroh des Daches in das Innere, wo sie mit den schweren Stämmen verschwanden. Es war kein Zufall, daß im Augenblick weit und breit kein weibliches Wesen zu sehen war, denn hinter ihren Hütten buken sie auf den riesigen irdenen Platten köstlich duftendes Brot, große Fladen aus Maniokmehl. Alles Vorbereitungen zur späteren Bewirtung ihrer Gäste.

Ohne also von neugierigen Frauenaugen beobachtet zu werden, betraten als letzte die beiden Medizinmänner das Jakuihaus. Api und Tewe hatten dort drei runde Löcher in den Boden gegraben, wo die Kwarups vorläufig eingesetzt wurden. Plötzlich verstummte auch das Rasseln, und drei Männer traten zu den Pfählen. Es waren begabte Künstler, und ihre Fähigkeiten im Malen hatten ihnen großen Ruhm verschafft. Ohne Zögern machten sie sich an ihr Werk. Geschickt maßen sie mit einem langen Grashalm von der oberen Pfahlkante immer genau dessen Länge rund um den Stamm, zogen eine Linie und wiederholten etwas tiefer das gleiche noch einmal. Nun befreiten sie diesen Zylindermantel sorgfältig und mit unendlicher Mühe von der rauhen Rinde, bis ein vertieftes und ganz exaktes glattes Band entstand. Mit endloser Geduld und viel Zeit widmeten sie sich dieser Arbeit, so daß ihnen nicht die kleinste Ungenauigkeit unterlief. Ein handtellergroßes, festes, grünes Blatt von einem Gummibaum, gleich einem Spachtel, wurde mit weißem Ton belegt und auf dem Baumring säuberlich verschmiert. Da der Ton als Untergrund für weitere Ornamente diente, war es besonders wichtig, ihn ganz glatt und ohne Unebenheit zu verstreichen. Mit geraden, trockenen Strohhalmen drückten sie Linien in die weiche Masse, die langsam zu immer phantasievolleren Figuren wurden. Einige der geometrischen Flächen wurden mit dem schwarzen Farbstoff der Frucht des Genipapobaumes ausgefüllt oder mit roter Urukufarbe überstrichen, wobei Ornamente entstanden, wie sie auch auf Masken zu finden waren, denn sie sollten ja die Gesichter der Toten symbolisieren. Sie hatten ein erstaunliches Talent in der Raumaufteilung, ohne die mindesten geometrischen Kenntnisse zu haben. Sie schauten einfach auf die Natur, ihr großes Vorbild im täglichen Leben.

All dieses Ritzen, Drücken, Schmieren, Malen ging ganz langsam und mit großer Muße vor sich, und jeder beendete Arbeitsgang wurde unterstrichen von dem Rassel- und Singkonzert der Schamanen. Als Lohn für ihre Arbeit bekamen die Künstler Maniok und geräucherten Fisch. Aber ebenso wichtig wie diese materiellen Gaben erschienen ihnen Beifall und Anerkennung ihrer Stammesbrüder.

Je weiter die Vorbereitungen voranschritten, desto größer wurde die Spannung und Aufregung aller Dorfbewohner. Noch wußten sie nicht, wer von den Stämmen morgen an ihrem Fest teilnehmen würde oder wer ihre Gegner beim Huka-Huka sein würden. Aber sie vertrauten dem eigentümlichen Reiz und dem Zauber des Kwarups, der alle Xingustämme anzog.

Noch kurze Zeit, und die ersten Läufer würden mit ihren Nachrichten ins Dorf zurückkehren.

Die Keramiker vom Xingu

Erwartungsvolle Aufregung und Tätigkeit herrschte auch bei dem Stamme der Waura. Majuschika, gleich Hakanei einer der von Häuptling Bororó erwählten Boten, war vor wenigen Stunden bei diesem angesehenen Stamme der Xinguaner eingetroffen und hatte die Einladung übermittelt.

Bildeten die Xinguaner auch kulturell eine gewisse Einheit, so setzten sie sich doch aus drei großen Sprachfamilien, den Kariben, Aruaken und Tupi, zusammen. Es waren die Waura, den Aruaken zugehörig, sowie die Mehinaku und Yawalapiti, die mit Recht stolz darauf waren, zu dieser ethnologischen Gemeinschaft beigetragen zu haben. Auch hatten sie im Laufe der Zeit mit Erfolg die Rolle des Vermittlers in kriegerischen Auseinandersetzungen übernommen, da sämtliche Stämme auf ihre großen Keramiktöpfe angewiesen waren und es sich mit ihnen nicht verderben konnten. Wie alle künstlerisch veranlagten Menschen hatten sie weniger Freude am Krieg als an der Ausübung ihres Handwerks, das sie zu großer Vollendung gebracht hatten. Das Geheimnis der Töpferei war nur ihnen bekannt und gab ihnen Ansehen und Handelsgewalt bei den anderen Stämmen.

Leider verlockte es die übrigen Xinguleute, immer wieder einmal in ihr friedliches Dorf einzufallen, um sich eine der begehrten Töpferinnen als Frau für ihren Stamm zu rauben.

Majuschikas Absichten waren freundlicher Natur, als er vor nicht allzu langer Zeit aus dem Dschungel auf einem der ausgetretenen Pfade auf das Dorf zugeschritten war. Mit seinen fünf Hütten und dem Männerhaus lag die Siedlung an einem großen See, nicht weit vom Tamitatoala-Fluß. Das Häuptlingshaus, im Südosten des Dorfes gelegen, war auch hier das beste. Eintöniger Gesang der Frauen erklang aus seinem Inneren. Aber schnell hatten sie die Hütte verlassen, als der Kalapalo ihren Häuptling begrüßte und in das Haus gebeten wurde. Hier war es dunkel und angenehm kühl, und Majuschika entdeckte alle die Dinge, welche auch im Haushalt seiner Eltern täglich gebraucht wurden. Da lehnten Pfeil und Bogen an der Wand, und die Maiskolben mit ihren »Blätterflügeln« baumelten an den Sparren. Es roch nach halbvergorenem Maniok und gebratenem

Fisch, und die singenden Frauen, die gerade aus der Hütte hinausgelaufen waren, hatten schwarze Haare, bekleideten sich nur mit einem Uluri und trugen ihre rundlichen Babys auf der Hüfte. Eines allerdings war anders als im Dorfe der Kalapalo. Wohin das Auge blickte, standen prachtvolle große Keramiktöpfe für die Bereitung des Manioks. Es war das Geheimnis dieser Künstler am Xingu, die es fertigbrachten, Töpfe von einem Meter Durchmesser zu formen, kreisrund, stabil und mit herrlichen Ornamenten bemalt. Überall standen sie herum, schon in Gebrauch oder noch in Arbeit. Alle kunstvoll verziert, wie es sich nur eine Indianerphantasie ausdenken konnte. Geschickte Frauenhände bearbeiteten hier einen Rand mit immer wiederkehrendem geometrischem Muster, kräftige Männer rieben dort das Innere mit Pflanzenfarbe und Holzkohle aus. Die schwarze und rote Farbe brannten sie über glühenden Holzscheiten ein, um den Topf haltbar und undurchlässig zu machen. Heutzutage fertigte man nur noch die großen Schüsseln, von denen jede einzelne Formgefühl und Einfallsreichtum erkennen läßt. Aber Majuschika wußte von seinem Großvater, daß die Waura früher allen Töpfen, vor allem den kleinen, die Form eines Tieres gegeben hatten. Er bewahrte als besondere Kostbarkeit das Geschenk eines Waurafreundes auf, der schon längst den Weg der Milchstraße gegangen war. Dieser Topf hatte die Gestalt einer Fledermaus, und man konnte genau den Kopf und die beiden Flügel erkennen. Es gab da noch Töpfe, die aussahen wie Enten, Eulen, Marder, Faultiere, Eidechsen oder Fische, ja sogar eine Zecke soll ein Waura einmal als Schüssel geformt haben. Wenn auch diese Tradition der Tierformen der Vergangenheit angehörte, das künstlerische Empfinden und die Freude am Ornament waren den Waura geblieben. Heute arbeiteten sie mit besonderem Fleiß, denn zum Kwarup der Kalapalo wollten sie ein paar auserlesene, schöne Exemplare ihrer Töpferkunst als Gastgeschenk mitbringen.

Ein Gewitter mit dicken grollenden Wolkenburgen hatte sich gerade verzogen, und die dunkler gewordene Erde atmete voll Gier die Feuchtigkeit ein. Auch die Tiere, die erschreckt vor dem drohenden Wolkenbruch geflohen waren, kamen langsam zurück. Die Brüllaffen, getreu ihrem Namen, suchten mit entsetzlichem Geschrei Schutz in den dichten Baumkronen und schwangen sich nun wieder fröhlich durch die Äste. Ja, die ganze Natur, noch vor kurzem in angstvoller Erregung, erwachte zu neuem Leben.

Zwölf kräftige Waura gingen mit ihren Netzen, einer Neuheit vom Posto Leonardo, langsam im Halbkreis an das Seeufer. Aus Angst, daß die Nässe ihren Muskelbändern schaden könnte, hatten sie diese abgenommen, denn sie waren nicht wie bei den anderen Stämmen aus einfacher Baumwolle, sondern aus kostbaren Jaguarfellen und gaben ihnen ein noch männlicheres Aussehen. Durch das Gewitter war das Wasser trotz Trockenheit gerade eben knietief, und sie konnten hoffen, einige Fische zu fangen. Zum Ufer hin kreisten sie die Beute mit ihrem langen Netz ein, und nur einem ganz großen oder kräftigen Fisch gelang hin und wieder der Sprung über die tödliche Falle. Die meisten zappelten ohne Aussicht auf Rettung in den Maschen. Mit ihnen machte man kurzen Prozeß, griff sie einfach mit den Händen, hielt sie quer und biß ihnen das Genick durch. Unheimlich, dieses Geräusch des Krachens der Knochen. Da sie meistens voll Schlamm und Dreck waren, wurde jedesmal kurz ausgespuckt, und zugleich schmiß man den Fang in hohem Bogen an das Ufer. Dann kam der nächste dran. Es erklang das den an Flüssen und Lagunen lebenden Indianern wohlbekannte Geräusch von Knacken, Spucken, Durch-die-Luft-sausen-und-am-Ufer-Aufklatschen. Daneben hörte man wie eine gewohnte Begleitmusik das Surren der Pfeile, welche die Buben zum Fischfang gebrauchten.

Majuschika war im Dorf geblieben, um den Schamanen bei ihren Erzählungen zu lauschen. Sie saßen auf ihren wunderschön geschnitzten Schemeln, von denen der eine die Form eines Affen hatte, während in dem anderen Majuschika gleich einen Nimmersatt erkannte. Sie waren aus nur einem Stück Holz gefertigt, eine konkav gewölbte Sitzfläche ruhte auf zwei Stützen, die wie Schlittenkufen ausschauten, und die Sitzfläche war durch Kopf und Schwanz nach vorn und hinten zu irgendeiner Tiergestalt verlängert. Oft hatten sie das Aussehen eines Vogels, aber es gab auch wie hier bei den Waura solche, die einen Affen oder Jaguar darstellten.

Die Geschichte, die der eine der beiden Medizinmänner erzählte, interessierte Majuschika ganz besonders, sollte sie sich doch im Dorf der Kalapalo abgespielt haben. Mit heiserer Stimme, immer wieder von Hustenanfällen geschüttelt, wie sie bei den Xinguindianern häufig auftreten, erinnerte der Alte an jene Zeiten, die über ein halbes Jahrhundert zurücklagen. Er hatte es noch erlebt, als man am Xingu fast dreitausend Indianer zählte, verteilt auf neununddreißig Dörfer. Dann brachten die Weißen jene verheerenden Epidemien, die mit zu ihrem Niedergang beigetragen hatten. Heute, unter der segensreichen und befriedenden Tätigkeit der Brüder Villas Boas, gab es immerhin schon wieder zehn Dörfer mit etwa sechshundert Menschen.

Die Villas Boas hatten die letzten Xinguaner gerettet, und man kann sogar ein neuerliches Anwachsen der Bevölkerung erkennen.

Die Erzählung des alten Zauberers der Waura aber spielte noch in einer Zeit, da es keine Brüder Villas Boas gab. Wieder einmal wollte einer von diesen neugierigen Weißen nach den Spuren des seit 1925 am Xingu verschollenen britischen Forschers suchen. Es war ein amerikanischer Journalist, der bis zu den Kalapalo vorgedrungen war und dort seine unerwünschten Nachforschungen angestellt hatte. Ganz sicher ist der Brite mit seinen Begleitern von den Kalapalo getötet worden. Warum, das wissen wohl nur noch einige Häuptlinge. Aber weshalb die Sache wieder aufwärmen? Was haben denn die Weißen mit den Indianern gemacht? Kamen sie nicht auch als ungebetene Eindringlinge in ihre Lebenssphäre, töteten und verschleppten viele »Rothäute« als Sklaven? Dieser Journalist war ihnen lästig, und deshalb wollten sie ihn beseitigen. Ganz deutlich sagte es der Geschichtenerzähler seinen atemlos lauschenden Stammesbrüdern. Was wollte er denn? Des britischen Forschers Tod rächen? Da mußte man ihm zuvorkommen, so wie man den Jaguar erlegte, bevor er einen selber zerfleischte. Man gab dem Amerikaner Manioksuppe zu trinken, aber nicht die von der Blausäure gereinigte. Ihm wurde nach dem Genuß der giftigen Suppe sterbenselend, und mit letzter Kraft schleppte er sich noch in das Dorf der Kamayura und kam völlig entkräftet bis zum Kuluenefluß. Ajamo, ein Kamayura, hatte Mitleid mit dem Todkranken und wollte ihn von seinen Qualen befreien. Darum schlug er ihm mit der Keule wie einem großen Fisch einfach das Genick durch. Nun hatte er ausgelitten, und seine Seele konnte sich auf den Weg ins Paradies machen. Vielleicht hatte man auch ein schlechtes Gewissen und räumte den, der hätte Rache üben können, einfach beiseite. War Ajamos Totschlag ein Gnadenstoß? Der alte Schamane erinnerte seine Zuhörer an das schreckliche Ereignis vor fünfzehn Jahren, als der berühmte Kamayurahäuptling Tamapo plötzlich gestorben war. Da in der Vorstellung der Indianer der Tod nie natürlich ist, suchte man nach dem Mann, der ihn verhext oder verzaubert hatte. Man fand in solch einem Falle immer irgend jemanden, den man der Tat verdächtigen konnte. Einer, der unbeliebt war, der dem anderen nicht angenehm ist. Er wird dann eines Tages von der Jagd nicht mehr heimkehren. Aus dem Hinterhalt würde man ihn töten wie ein Tier oder fällen wie einen Baum, dessen Blätter dann auf dem Boden

Yawalapiti bemalen sich: rote Farbe, wohin man auch blickt.

vertrockneten. Und das alles, ohne viel Aufhebens zu machen. Auch seine Knochen würden im Dschungel bleiben, nachdem beutegierige Geier und Ameisen das Fleisch gefressen hatten. Kein Kwarup für ihn, kein Grab unter dem Sand des Dorfplatzes. Die Schamanen atmeten erlöst auf, als der von bösen Dämonen Besessene erkannt war und wieder Friede im Dorfe herrschte. Damals, beim Tode Tamapos, war man fest überzeugt, daß der Vater von Pataku ihn verhext hatte, und tötete ihn deshalb heimtückisch. Pataku konnte dies den Kamayura niemals verzeihen und lebte dann bei den Aweti, wo er heute noch auf Rache gegen seine Stammesbrüder sinnt.

Der Stamm der Kamayura kam nie recht zur Ruhe, denn auch mit dem einen Sohn des ermordeten Häuptlings Tamapo, dem jungen Takuma, gab es ja die bekannten Schwierigkeiten. Er lebte bei den Yawalapiti und glaubte nicht mehr so recht an den Sinn des indianischen Lebens. Hakanei, der ihn getroffen hatte, war voller Mitleid mit diesem zerrissenen Menschen. Aber dies war ein anderes Kapitel als die Geschichte der beiden Weißen und bewegte die Xinguaner weitaus mehr. Ajamo, der Töter des Journalisten, lebte noch friedlich in seinem Dorf, und Majuschika kannte ihn und hatte ihn schon einige Male bei den Kamayura gesehen. Er war inzwischen ein alter Mann, und seine dunkle Haut war schlaff und faltig geworden. Er saß Abend für Abend mit den drei anderen Dorfältesten vor der Jakuihütte und rauchte gemütlich seinen Tabak. Man sah ihm aber noch immer an, daß er sicher einmal schneller und gewandter in seinen Bewegungen gewesen war als heute. Gesprochen hat er wohl nie viel, dafür aber gehandelt. Über den Amerikaner hat er kein Wort erzählt. Dieses Thema wußte er immer zu meiden, und daß ihm bei all dem nicht ganz wohl war, zeigte die Tatsache, daß er schon dreimal seinen Namen geändert hatte.

Der Schamane hatte seinen Bericht beendet und schaute schweigend vor sich hin. Er wußte noch allerhand Geschichten zu erzählen von seltsamen, gefährlichen und geheimnisvollen Tieren, von Kriegen und Kämpfen, von Frauen und Kindern, von Krankheiten und vom Land der Schatten. Aber nun war er müde, stützte seinen Kopf in die Hände und bewegte sich nur, wenn ihn der ewige Husten schüttelte.

Ein junges Mädchen, schlank und schön gewachsen, ging ruhigen Schrittes an den Männern vorbei zur Lagune. Auf ihrem Kopf trug sie ein Gefäß zum Wasserholen. Fröhlich und unbefangen lächelte sie Majuschika zu, so daß der junge Kalapalo den Wunsch empfand, sie abends am Seeufer wiederzusehen. Da Majuschika ein Meister im Nachahmen von Tierstimmen war, konnte er gleich ein Zeichen mit ihr vereinbaren, mit dem er sich in seinem Versteck im Schilf bemerkbar machen wollte. Wie viele seiner Stammesgenossen verstand er es, in der Sprache der Tiere zu rufen, zu necken und zu schimpfen, um gleich darauf die Antwort aus Schilfrohr, Unterholz oder Baumkrone zu bekommen. Ja, er verstand sich so gut auf diese Kunst und hatte eine solche Freude daran, daß er in seinem Bemühen nach Vollkommenheit Instrumente entwickelt hatte, die es ihm ermöglichten, sogar Zwiegespräche zu führen. Sein bestes und zugleich lustigstes war ein trockener ausgehöhlter Kürbis, in dem harte Samenkörner geräuschvoll herumkugelten. Einen Bambusstock, mit Sand oder Erde bestrichen, steckte er lose hindurch und erzeugte beim Hin- und Herziehen das kratzende, gurgelnde Geschnatter verliebter Wasservögel, oder wenn er den Stock recht langsam bewegte, vermeinte man das gemütliche Gegacker alter Wildentendamen zu vernehmen. Da er auch Witz hatte, klebte er dem Kürbis rechts und links ein dickes Bastrohr an und überließ es dem Beschauer, welches Tier er darin erkannte.

Die Stunden bis zum Abend waren noch lang, ohne aber im geringsten langweilig zu sein. Als Majuschika sich zwischen den Hütten mit den fröhlich gelb-grün-blau gefiederten Araras unterhielt, wurde er Zeuge einer lustigen Szene. Alle Indianer lieben kleine Tiere als Hausgenossen und Spielgefährten, und vor allem die Kinder lebten mit ihnen in inniger Gemeinschaft. So auch hier bei den Waura. Majuschika beobachtete ein paar Buben und Mädchen, die sich fröhlich mit einem jungen Affen balgten und voll Übermut mit ihm herumtollten. Eine andere Gruppe hatte eine ganze Papageienfamilie in einem Korb untergebracht, den sie mit sich herumschleppten. Die Kinder machten sich nun ein Vergnügen daraus, etwas Maniok in den Mund zu nehmen, ihn zu zerkauen und sich den Brei von den immer hungrigen Vögeln aus dem Mund picken zu lassen. Nicht ganz so glücklich waren wohl ein paar kleine Schildkröten, die zwei Buben an Schnüren, befestigt an einem Stock, über die Schulter baumeln ließen und damit herumspazierten. Winzige Eidechsen oder Babykrokodile wurden liebevoll gefüttert, hingegen mußten es sich ein paar junge Hunde gefallen lassen, daß sie an einem Bein auf dem Rücken zum Dorfplatz gezerrt wurden.

Den Müttern schien dies alles ein selbstverständliches Spiel, denn kaum eine Frau warf ihren Blick auf die vergnügte Schar. Die älteste Frau bei den Waura war Kemapukwalo, eine angeheiratete Mehinaku, die trotz ihres hohen Alters noch fleißig ihre Hände rührte. Ohne Unterbrechung, obwohl die Zeit doch gewiß nicht drängte, arbeiteten die einen an großen Keramikschüsseln, die anderen an der Herstellung der Mattensiebe. Diese »Tuavi« spielten eine große Rolle für die Maniokbereitung, und man ließ ihnen viel Sorgfalt angedeihen. Das Material waren Baumwollfäden und Buritihölzchen. Ausgesucht zierliche Stäbchen der Sumpfpalme ordneten sie parallel auf einer am Boden liegenden Bastmatte an und hockten sich mit angezogenen Knien seitlich darauf, um sie festzuhalten. Nach dieser Vorbereitung begann eine »Weberei«, die mit großer Geschicklichkeit und Schnelligkeit vonstatten ging. In ihrer rechten Hand hielten sie ein Knäuel aus einem zweifachen Baumwollfaden, knüpften am Anfang einen festen Knoten, webten Stäbchen auf Stäbchen ab und wechselten dabei mit flinken Bewegungen zwischen Daumen und Ringfinger den Faden, so daß er stets über Kreuz zu liegen kam. Bei der Maniokbereitung brauchte man das Tuavi vor allem zum Herauswaschen der Blausäure und später zum Auskühlen der dampfenden Maniokbrote. Sehr niedlich waren kleine Tuavis zum Aufbewahren des kostbaren Federschmuckes. Majuschika sah voll Bewunderung einer Waura zu, die ein bezauberndes Muster webte und ihm erzählte, daß sie es ihrem Manne schenken wolle, damit er für das bevorstehende Kwarup seine schönste Federkrone hineinlegen könne.

So war die Zeit über Zuschauen und Reden vergangen, und die ersten Sterne am hellen Himmel verhießen Majuschika das Wiedersehen mit dem jungen Wauramädchen. Langsam ging er den Pfad zum See hinunter, und ganz zart, dann etwas lauter werdend, ahmte er die Laute eines verliebten Tukans nach. Nur einmal mußte er den Ruf wiederholen, da kam auch schon jemand den Pfad heruntergelaufen und eifrig auf ihn zu.

»Bist du Majuschika, der Bote vom Stamme der Kalapalo?«

Majuschika lachte breit und antwortete:

»Ja, und wie heißt du? Warte, laß mich raten«, sagte er vergnügt, denn längst hatte er im Dorfe ihren Namen erfahren. »Bist du Halita, die Tochter des tapferen Naku?«

Aus ihren leicht geschlitzten schwarzen Augen blickte sie ihn von unten herauf an und lächelte verlegen, da er so genau wußte, wer sie war. Zeigte es nicht ehrliches Interesse? Und er gefiel ihr gut, dieser

Gegenseitig bemalen sich die Frauen der Kalapalo. Wie alle Frauen der Welt, wollen auch sie auf ihre Art schön sein.

große, starke Mann, der sicherlich bei den Huka-Huka-Kämpfen zu den Einzelsiegern gehören würde. Um auch ihm zu gefallen, hatte sie heute abend ein besonders fein und zierlich gearbeitetes Uluri umgebunden und wie sonst nur bei festlichen Gelegenheiten einen längeren Faden benutzt, der rückwärts über dem Gürtel kokett wegstand.

Da die Waura zur Sprachgruppe der Aruaken gehören und die Kalapo zu den Kariben, mußten sie bei ihrer Verständigung erfinderisch sein. Es gab manch ähnlich klingendes Wort, und wenn die »lingua franca«, welche die Xinguaner untereinander entwickelt hatten, nicht ausreichte, so kannten sie auch schon das eine oder andere portugiesische Wort. Aber bei den beiden war das alles nicht so wichtig. Sie nahmen sich bei den Händen, schauten sich an und gingen ein Stück weiter bis zum See. Was brauchte es da noch vieler Worte? Die Hitze des Tages hatte sie ein wenig durstig gemacht, und bevor sie sich an das kühle Ufer setzten, gingen sie erst in den See, tauchten unter und schmissen sich dann, nach Indianerart mit der hohlen Hand schöpfend, das Wasser in den Mund. Sie taten es auch wechselseitig, spritzten und lachten und waren sehr vergnügt. Als eine Wohltat empfanden sie die abendliche Frische, das nun nicht mehr müde hängende Grün der Bäume und die Stille ringsum. Sie liebten sich, eingehüllt in den weichen Samtmantel der Nacht, auf dessen dunklem Grund immer mehr Sterne aufglitzerten. Majuschika wußte, daß er Halita als seine Frau mit zu den Kalapalo nehmen durfte, und er war stolz darauf. Sie war ein Mädchen vom Stamme der Waura und begabt in der Kunst der Töpferei. Als seine zukünftige Frau würde sie hochgeachtet und freudig empfangen werden. Zufrieden würde sein Vater die Hängematte Halitas unter der seines Sohnes befestigen und damit die Heirat billigen, und er war fest überzeugt, daß ihre beiden Hängematten für immer übereinander schaukeln würden und weder er noch Halita sie je als Symbol der Scheidung abhängen und damit weggehen würden.

Federn und rote Farbe

Man hätte glauben können, die Kalapalo seien die geduldigsten und gleichgültigsten Menschen, die es auf Erden gab, sah man Häuptling Bororó und die Clanältesten vor dem Männerhaus auf die Ankunft der Boten oder »Pariat« warten. Aber was wie Geduld und Gleichgültigkeit aussah, war nur eine Maske. Vielleicht einem gesunden Mißtrauensgefühl entstammend, war sie ein Ergebnis der seit Generationen angegriffenen und unterdrückten Indianerseele. Und doch waren sie im tiefsten Wesen frei und voll Humor und Witz.

Häuptling Bororó zum Beispiel, angetan mit allem, was er besaß, vom kostbaren Federschmuck bis zur Jaguarkrallenkette um den stiernackigen Hals und selbstverständlich einem modernen Gewehr, zeigte in keiner seiner Gesten eine Spur von Unsicherheit oder Strenge. Schaute man ihm in die Augen, so sah man, daß sein Blick freundlich und fröhlich war. Noch einmal blickte er prüfend über den frischgekehrten Dorfplatz. Alles war bereit: der riesige Kessel Maniokwasser, die weithin duftenden Brotfladen und viele Hunderte von geräucherten Fischen. Fein säuberlich auf Holzgitter geschichtet, sollten sie den Durst und Hunger der zurückkehrenden Läufer und auch der später zu erwartenden Gäste stillen. Vor der Jakuihütte hatte man die schönsten Schemel des Dorfes aufgestellt, die sonst im Häuptlingshaus aufbewahrt wurden und die man heute den Gästen anbieten wollte. Da stand der Doppelgeierschemel mit seinen beiden Vogelköpfen, die sorgsam geschnitzt und sehr naturgetreu nachgebildet waren. Da sah man den Tujujuschemel und auch die einfachen, nur mit der rechteckigen konkaven Sitzplatte ohne jede Verzierung.

Bororó und seine Hausältesten brauchten nicht lange zu warten, bis der erste Läufer ankam. Majuschika, bescheiden den Blick zu Boden gerichtet, setzte sich auf den ihm angebotenen Schemel, legte sein Paddel auf den Boden und wartete auf die erste Frage des Häuptlings. Bororó erkundigte sich mit leiser Stimme, knapp und ohne viele Worte, nach dem Stamme der Waura, wie Majuschika sie angetroffen habe und ob sie zum Totenfest in das Dorf der Kalapalo kommen würden. Der Bote berichtete von seinem Besuch, von der Gastfreundschaft, die er genossen hatte, und daß Häuptling Malakijaua mit sicherlich dreißig Männern, Frauen und Kindern zum Kwarup käme. Aufmerksam hörten die Kalapalo ihm zu, und jedesmal, wenn er etwas Erfreuliches erzählte und ihnen etwas besonders gut gefiel, brachen sie in ihr typisches Indianergeheul aus. Bevor Majuschika seinen Bericht von den Wauras beendete, wobei er auch voll Bewunderung die Kunst der Töpferei lobte, unterbrach ihn Bororó mit der Frage: »Du hast dir eine Waura als Frau mitgebracht? Wir freuen uns darüber und heißen sie in unserem Dorfe willkommen!«

Majuschika antwortete: »Ja, sie heißt Halita, ihre Fertigkeit in der Herstellung der Keramiktöpfe ist groß, und sie wird unserem Stamme sicherlich von Nutzen sein.«

Gern hätte er noch mehr von seiner Halita und ihren guten Eigenschaften berichtet, aber Bororó winkte lächelnd ab. Schon kam der nächste »Pariat« zum Rapport vor das Flötenhaus, und voll Neugier und Anteilnahme wurde den Worten jedes einzelnen Boten gelauscht. Da war jener, der die Zusage von den Kuikuro brachte; man freute sich darauf, mit diesem starken, mutigen, aber rauflustigen Stamme beim Huka-Huka die Kräfte zu messen, lieber noch, dem auch den Kariben zugehörigen Stamme eine Niederlage zu bereiten. Der Beifall für die Teilnahme der Mehinaku war weniger groß, man blieb still und hoffte, daß sie keinen Ärger bereiten würden. Als der Bote, der von den Mehinaku kam, berichtete, daß die Waura bereits im Posto Leonardo angekommen seien, ertönte besonders großes Freudengeheul. Bororó wollte seine Genugtuung nicht zu deutlich zeigen und schmunzelte nur still vor sich hin, bis der Lärm vorbei war. Die Waura hatten bei allen Stämmen den Ruf, ein wenig hochmütig und reserviert zu sein, und man empfand ihr Kommen als eine Ehre, nur wollte Bororó es nicht zugeben. Hakanei erschien als letzter. Er hatte den weitesten Weg gehabt und mußte außer den Kamayura und Yawalapiti noch zwei kleinere Stämme besuchen, die Nahukua und Aweti, welche nicht vergessen werden durften.

Es wurde ein genußreicher Vormittag, durch viele lustige Geschichten gewürzt, denn alle drei Läufer hatten irgend etwas erlebt und erzählten es den neugierig lauschenden Kalapalo. Sie saßen auf ihren Holzschemeln, aßen, schmatzten und waren fröhlich und angeregt. Auch ohne Alkohol. Dies Getränk war ihnen völlig unbekannt, und sie hatten auch kein Verlangen danach. Groß war das Gelächter

Die Frauen der befreundeten Stämme, beladen mit Töpfen und Hängematten, folgten ihren Männern in das Dorf der Kalapalo.

und Staunen, als ein Bote von Weißen erzählte, die in der Nähe der Mehinaku aufgetaucht waren und nach dem Genuß dieses Getränkes sich gänzlich verändert hätten. Ihre Bewegungen waren ziellos und schwankend und ihre Worte dumm und sinnlos geworden. Keiner der anwesenden Indianer konnte begreifen, wie man so dumm sein konnte, etwas zu trinken, wonach man sich derart komisch und blöde benehmen würde. Während sie noch redeten und sich auf das bevorstehende Fest freuten, begannen die ersten Uruiflötenbläser ihre Runden im Dorfe abzuschreiten. Kräftig gebaute Burschen mit prachtvoll durchgebildeten Muskeln hielten die langen Flöten in ihren Händen und bewegten sich rhythmisch stampfend im Kreise. Dieses gleichmäßige Schreiten würde am Abend in den drei großen Tänzen gipfeln, die sie »Kriegs-, Trauer- und Feuerbrandtanz« nannten und die im Kreise um die drei Kwarup aufgeführt werden sollten.

Rote Farbe, wohin man blickte! Rot überall und immer wieder rot! Dazwischen braune, glänzende Körper, auf Schemeln vor und im Männerhaus sitzend, auf dem Boden hockend, tief über eine Kalebasse gebeugt, aus der sie mit einem Stäbchen Pikiöl fischten, um das Uruku geschmeidig zu machen. In ihrer Mitte verglühte Holzkohle, zum Schwärzen gedacht. Es begann das »Fest« der Bemalung. Am schwierigsten war die Haartracht, und deshalb machte man sich zu zweit ans Werk. Während der eine geduldig auf dem Holzbalken oder am Boden saß, bearbeitete der andere mit einer Schere und einem kunstvoll geschnitzten Kamm aus Buritistäbchen den Pagenkopf seines Freundes. Es dauerte oft stundenlang, bis so ein Pilzkopf zur Zufriedenheit beider zurechtgeschnitten war. Immer wieder ging der »Friseur« ein paar Schritte zurück, schaute, ob die Fransen ringsum gleichmäßig waren, und erst wenn er keinerlei Unregelmäßigkeit mehr entdeckte, kam das Uruku. Der Sitzende oder ein Nachbar hatte inzwischen eine besonders dicke Paste aus Uruku und Pikiöl gemischt, die der Helfer nun mit einem breiten Schilfgrashalm oder dem Blatt eines Gummibaumes wie mit einem Spachtel rings um die Tonsur herum auftrug. In den verklebten Haarkranz malten sie dann mit großem Geschick und viel Geduld ein Ornament, das Glück und Sieg beim Huka-Huka verhieß oder einfach nur von der Stärke seines Trägers kündete. Jeder hatte ein Lieblingsmuster. Die meisten wählten die Zeichnung des Jaguars oder der Anakonda, denn immer iden-

Kanato, begleitet von zwei Uruiflötenbläsern, war der traditionsbewußte Häuptling der Yawalapiti.

tifizierten sie sich mit dem Tier, dessen Aussehen sie nachahmten, und glaubten dadurch auch dessen Kraft und Geschicklichkeit zu erlangen. Mit den kleinen Stückchen der verglommenen Feuerbrände malten sie sich schwarze Schatten um die Augen, gleich den Flügeln nächtlicher Falter oder kleiner Fledermäuse. Diese Augenmasken gaben ihnen das Aussehen von Dämonen, vor denen sie in ständiger Angst lebten und die sie vielleicht damit abschrecken konnten. Alle diese Vorbereitungen dauerten viele Stunden, und wie die Erwartung oft schon die Freuden der Erfüllung in sich trägt, genossen die Kalapalo jede einzelne Phase der für das Fest vorgeschriebenen Riten.

Nach dem Schmücken des Kopfes widmete sich nun jeder selbst seiner Festkleidung. Nicht wie gewöhnlich mit Faserbändern, sondern mit dicken Baumwollsträngen umwickelten sie heute Fesseln, Kniegelenke und Oberarme. Rund und dick quollen die ohnehin kräftigen Muskeln hervor und versprachen Stärke und Ausdauer beim Kampf. Um die Baumwollbinden am Bizeps banden sie zuletzt noch dicke Flaumbuschen von Tukanfedern, die bunt und lustig bei jeder Anspannung des Muskels erzitterten. Nur zu dieser besonderen Gelegenheit trug man noch eine dicke Baumwollbinde um die Lenden, die ganz stark zugezogen wurde. Kaluene, der Kraftprotz der Kalapalo, stand vor seiner Hütte und drehte und wendete sich vor einer winzigen Spiegelscherbe, die jemand einmal vom Posto Leonardo mitgebracht hatte. Es war ein kleines dreieckiges Stückchen, das er sorgfältig gegen ein Hölzchen gelehnt hatte, um Teile seiner Festkleidung und Bemalung kritisch zu begutachten. Zufrieden mit den Rundungen seiner Muskeln, die bei den Kalapalo wirklich ihresgleichen suchten, griff er zu einer Muschelkette und legte sie noch um seine Hüften. Diese Ketten bestanden meistens aus bläulich-weißen Muschelblättchen, deren einzelne Scheiben mit dem Quirlbohrer bearbeitet worden waren. Heute allerdings machte man sich diese Mühe mit dem alten Quirlbohrer nur noch sehr selten, sondern verwendete neuartige Geräte, die statt der Spitze aus Stein eine aus Metall hatten. Krönung dieser nun schon viele Stunden dauernden Bekleidungsszene war das Anlegen ihres Federschmuckes. Unerschöpflich und herrlich war das Material, das ihnen für ihre Federdiademe, Kronen, Hüte und Ohrenfedern zur Verfügung stand. Alle Männer am Xingu hatten durchbohrte Ohrläppchen, um zierliche Federbüschchen als Jagdtrophäen hindurchzustecken. Die kleinen roten, gelben und schwarzenActersträußchen, an Rohrstückchen befestigt, wurden am Stiel mit Speichel angefeuchtet, so daß sie leicht und ohne Schmerzen durch das Ohrloch glitten. Das Stäbchen stand hinter dem Ohr ein Stückchen hoch und blieb durch das Gewicht des Federkopfes festgesteckt. Auch bei den Buben sah man schon kleine Federbüschel in ihren Ohrläppchen, die man ihnen durchbohrte, wenn sie zum erstenmal mit kleinem Pfeil und Bogen das Jagdwerk übten.

Nur wenige Auserwählte trugen außerdem noch zwei sehr lange Federn, die sogenannte Kamose, die von einem Bügel unter der Nasenspitze gehalten wurde. In verschwenderischer Fülle hatte ihnen die Natur mit ihrer Vogelwelt den buntesten Schmuck zur Verfügung gestellt, und sie verstanden es zu nutzen. Rot, grün, gelb und blau leuchteten die Federn der Tukane, Pesekittos und Papageien. Prachtvolle Streifen und Sprenkelungen zeigten die Federn der Adler, Falken, Eulen und Geier, und leise zitterten die Reiherfedern im Wind, die außer den Storchenfedern das schimmerndste Weiß der Tierwelt hatten. Aus all diesem Überfluß ließen sich die herrlichsten Schmuckstücke machen. Es gab aus Stroh geflochtene Kronen, mit Tukanfedern verziert, bunte Federhauben und Federhüte. Sehr kostbar und darum selten waren die prachtvollen Federdiademe aus Arara- und Falkenfedern, in deren Mitte die langen Schwanzfedern alle kleineren hoch überragten. Der Phantasie waren keine Grenzen gesetzt, und mit der Naivität des Kindes schufen sie die farbenfreudigsten Kostbarkeiten. Viele Monde lang hingen diese Prunkstücke gut erhalten und wohlverwahrt zwischen den Tuavimatten an den Sparren ihrer Hütten, um dann zum Fest herausgeholt zu werden.

Die Zeit verflog, und sie merkten es kaum. Es war schon Spätnachmittag geworden, aber immer noch war das Dorf der Kalapalo eine einzige große Malerwerkstatt. Nicht so aufgeregt und nicht ganz so farbenfroh ging es bei den Frauen zu. Hinter den Hütten, abseits des Dorfplatzes, machten sie sich schön. Gegenseitig verzierten auch sie sich mit Ornamenten, wobei sie mit feinen Holzstäbchen vor allem ihre Oberschenkel über und über mit roten und schwarzen Linien bedeckten. Viele banden sich ein neues zierliches, nur daumennagelgroßes Uluri um die Hüften und ließen kokett ein Stückchen Faden abstehen. Sie schauten dabei immer wieder in ein Spiegelstückchen, jenes wichtige Requisit weiblicher Eitelkeit, um da ein wenig zu zupfen und hier noch einen schwarzen Punkt zu malen. Dabei lachten und kicherten sie, drehten und wendeten sich vor dem winzigen Stückchen Glas, tranken zwischendurch einen Schluck Maniokwasser zur Erfrischung in dieser Nachmittagsschwüle, vergaßen die Zeit und waren nichts anderes als echte Frauen, die schön sein wollten.

Mono, die alte Indianerin

Nicht überall herrschte eine so unbefangene Fröhlichkeit wie bei den sich schmückenden Männern und Frauen. Etwas abseits, unter einem schattenspendenden Pikibaum, saß Mono, die vom ganzen Stamm respektierte Alte. Wenn sie auch, wie alle Frauen, niemals das Jakuihaus betreten, noch je eine dieser heiligen Flöten zu Gesicht bekommen durfte, ließ man sie, dank ihres Alters und ihrer Klugheit, für Ordnung und Frieden im Dorfe sorgen. Man suchte ihren Rat, ließ sich von ihr helfen und befragte sie, wenn man an etwas Zweifel hatte. Sie war ein typisches Beispiel für die geachtete und wichtige Rolle der Frau bei allen Stämmen der Xinguaner. Sei es ihre bedeutende Funktion bei der Maniokherstellung, oder sei es der Einfluß, den jede Frau in der Familie und Erziehung ihrer Kinder ausübte. Mono galt darüber hinaus noch als besonders weise und wurde wie eine Art Stammesmutter verehrt.

Heute war es Jubala, ein junger Bursche, der, beeinflußt durch seine häufigen Besuche am Posto Leonardo, nicht mehr so recht an die Sitten und Gesetze der Kalapalo glauben konnte und nun ihren Rat suchte. Er war voller Zwiespalt und Ängste. Sein Blut verlangte danach, sich bei dem bevorstehenden Kwarup zu bewähren und seine Kräfte mit denen der anderen Stämme zu messen. Aber war er noch ein echter Kalapalo? Mono, die Kluge, würde ihm helfen, und sie würde Rat wissen, wenn er ihr gestand, daß er zweimal am Posto Leonardo nicht der Versuchung hatte widerstehen können, ein Stück von dem köstlich duftenden Wildschweinbraten zu versuchen, obwohl er genau wußte, daß es für einen Indianer undenkbar war, das Fleisch eines Vierbeiners zu verspeisen. Hatte dieses Vergehen gegen Gesetze und Sitten seines Stammes ihn nicht der körperlichen Kraft beraubt? Mußte er die bösen Dämonen fürchten? Mono schüttelte zu seiner Beichte mißbilligend ihr altes, schon etwas wackeliges Haupt, dachte ein wenig nach und wußte Rat. Das Universalheilmittel des Ritzens der Haut würde gewiß auch Jubala von seinen Zweifeln befreien. Unverständliches vor sich hinmurmelnd, holte sie aus ihrer Hütte den »Jajap«, einen Kratzer, gefertigt aus einem leichtgebogenen Segment der Kalebassenschale, an der eine Reihe sehr scharfer, spitzer Zähnchen des Hundsfisches eingearbeitet waren. Ohne mit der Wimper zu zucken, ließ sich Jubala von der Alten feine Rillen in seine Haut ritzen, bis diese ganz wenig zu bluten anfingen. Mono zog keine willkürlichen Streifen auf Jubalas Haut, sondern kratzte ihm ein Ornament, von dem sie wußte, daß es Kraft und innere Stärke verhieß. Vorsichtig und sanft stillte sie das Blut mit etwas Ruß, flüsterte dabei ein paar Zauberformeln und wußte genau, daß nun die Dämonen keine Macht mehr über den Zweifler hatten. Dankbar und mit neuem Glauben erfüllt ging Jubala zur Hütte der Männer, um sich wie sie für das bevorstehende Totenfest und die Ringkämpfe zu bemalen. Und Mono hatte wieder einmal den Beweis für die Kraft des »Jajap«, mit dem sie schon so vielen ihrer Stammesgenossen geholfen hatte. Schon mancher Knabe hatte sich von ihr mit dem Wundkratzer Gesicht und Oberarm ritzen lassen, um für die Jagd ein scharfes Auge und einen ruhigen Arm zu erhalten. Auch bei Verletzungen brachte der »Jajap« schnell Linderung der Schmerzen. Vor nicht langer Zeit hatte Mono einen verwundeten jungen Mann behandelt, und beide hofften, daß er bis zum Kwarup geheilt sein werde. Er war mit einem Trupp Kalapalo in die Savanne gezogen, um neue Felder für den Anbau von Maniok zu roden. Der Wind war ihrem Unternehmen günstig, weil er weg vom Dorf und hinein in die Weite des Dschungels wehte. So konnte man ohne Angst um die Hütten einen Teil des Waldes anzünden. Zuvor mußte das dürre, verkrüppelte Unterholz gehackt werden, es ließ sich dann leichter anzünden und brannte besser. Es ersparte viel Arbeit, wenn die Bäume von den Flammen gefällt wurden, und außerdem war die Salzasche, neben ihrem angenehmen Geschmack, ein gutes Düngemittel.

Es war ein schaurig schönes Schauspiel, wenn die ersten Bäume zu brennen anfingen und der Wind das Feuer in rasender Geschwindigkeit immer weiter wegtrug. Es rasselte und donnerte in den Baumkronen, und wer von den Tieren noch nicht vor der Hitze geflohen war, schreckte nun auf von dem Dröhnen des Feuers. Es war ein erbärmliches Geschrei, denn jedes Wesen versuchte der sengenden Hitze zu entkommen. Tukane flatterten wirr durcheinander, einige Brüllaffen hangelten schreiend zu Ästen, die noch nicht von den alles vernichtenden Flammen ergriffen waren, aber nur mit dem Erfolg, daß sie bald entkräftet auf dem Boden saßen, um hier das Opfer dieser Naturgewalt zu werden.

Nach dem Brand herrschte für einige Zeit völlige Stille. Nichts rührte sich, alles schien wie ausgestorben. Erst das Schlagen der Äxte, mit denen die Indianer jene wenigen von der zerstörenden Kraft des Feuers übriggebliebenen Bäume fällten, brachte einige Tiere zurück. Auch für sie war die Feuersbrunst von beträchtlichem Nutzen gewesen. Fanden sie doch manches verkohlte Tier als Leckerbissen auf dem noch rauchenden Dschungelboden. Manch Raubvogel stürzte sich auf ein kleines Nagetier, und das Wild kam von weit her, um die salzige Asche zu lecken. Die Indianer selber lernten vielleicht von den Tieren, wie gut das in der Salzasche geröstete Tierfleisch schmeckte, und machten sich diese Erfahrung in den Hütten zunutze. Hart klangen die Axthiebe bis zum Dorf, wo die Frauen darauf warteten, nach der Rodungsarbeit der Männer mit der Feldarbeit zu beginnen.

Bei diesem Anlaß war es auch geschehen, daß sich der junge Kalapalo beim Baumfällen mit der Axt in den Fuß gehackt hatte. Ausgerechnet vor dem Totenfest geschah ihm dieses Mißgeschick! Mõnos Ritzkunst mußte wieder einmal helfen, denn er sollte zum erstenmal an den Ringkämpfen teilnehmen dürfen. Nun, die Wunde sah tatsächlich inzwischen schon besser aus, und er konnte hoffen, bis zum Kwarup ganz genesen zu sein.

Der Arbeitseifer der Indianer, wenn sie sich etwas vorgenommen hatten, kannte kein Maß und keine Grenzen. Ihnen fehlte völlig jenes Gefühl, sich die Arbeit ihren Kräften entsprechend einzuteilen. Sie begannen irgendwann, und dann arbeiteten und arbeiteten sie, ohne aufzuschauen, bis sie entweder total erschöpft waren oder das Werk getan war. Danach lagen sie müde in ihren Hängematten, oft tagelang, ohne etwas Nützliches zu tun.

Sinnvoll allerdings war die Arbeitsteilung zwischen Mann und Frau. Sie ergänzten sich vortrefflich, und jeder trug sein Teil zum Lebensunterhalt bei. Während er rodete, jagte und pflanzte, lag die Arbeit der Ernte und die Führung des Familienlebens allein in den Händen der Frau.

Unermüdlich und ohne Unterbrechung lockerten sie mit einer Haue den harten Boden, sammelten die jungen Triebe der Stauden, die von den Männern in Bündeln schräg in die Erde gepflanzt wurden. Die Felder waren meistens halb abgeerntet und zur anderen Hälfte schon mit jungen Pflanzen besteckt, so daß immer für Nachschub gesorgt war. Hier und dort ragte noch ein astloser Baumriese aus dem Boden, er war zu kräftig und hatte Feuer und Axt getrotzt.

Mit gesenktem Haupt berichtet Hakanei seinem Häuptling Bororó von den Stämmen, denen er die Einladung zum Kwarup-Fest überbracht hatte.

Rings um das Feld hatte man einen dichten Palisadenzaun aus Holzstangen und Lianen errichtet, zum Schutz gegen den Dschungel mit seinen Vierbeinern, die den Maniok auch zu schätzen wußten.

Das Ernten des Manioks ging rasch und geschah mit geübten Händen. Zuerst räumte man das Grünzeug weg, brach die Ästchen ab, legte die guten Setzlinge beiseite und die schlechten zum Unkraut. Mit einem einfachen Stock kratzte man dann die trockene Oberfläche der Erde fort, und schon kamen die Wurzeln zum Vorschein und konnten leicht herausgezogen werden. Ihre Größe war sehr unterschiedlich, von spannlang bis zu einem Meter und oft dick wie ein Männerarm. Umschwirrt wurden die Frauen dabei von den kleinen Amazonasbienen, die zwar nicht stachen, aber wegen ihrer großen Zahl sehr lästig waren. Sie zerquetschten Hunderte davon auf Kopf und Körper, ohne daß sie der süßliche Geruch oder das Kleben störte. Im Gegenteil, sie liebten diesen Süßstoff und räucherten die Nester der kleinen Bienen aus, wo immer sie solche finden konnten, und verspeisten Waben und Honig mit großem Genuß. Die Kalapalofrauen waren froh, daß sie in diesem Jahr mit ihrer Erntearbeit rechtzeitig fertig geworden waren, denn beim nächsten Mond würde die Regenzeit beginnen, dann war der Boden schlammig, und Stechmükken und Schlangen würden die Arbeit erschweren. Die Ernte dieses Jahres war reichlich und gut gewesen, so daß genügend Nahrung für die Bewirtung der Gäste beim Totenfest in den Vorratssilos war.

Auch hatte man schon eine Woche lang Fische gefangen. Etwas mühsam bei der noch herrschenden Trockenheit, aber da ein paar Freunde von den Kamayura, Aweti und den nahe wohnenden Nahukua geholfen hatten, herrschte kein Mangel. Dieser Fischzug war die große Zeit von Kuakuali, dem weit über die Grenzen seines Stammes hinaus bekannten Fischschützen. Schon Tage zuvor hatte er sich einen neuen schwarzen Bogen geschnitzt, der ihm die Jagd erleichtern sollte. Kuakuali hatte darin eine große Fertigkeit, und wenn er seine Zehen als Schraubstock benutzte und das Stockende zwischen Wange und Schulter festhielt, hatte er beide Hände frei für die Schnitzarbeit. Früher hatte dies tagelang gedauert, denn mühsam mußte man mit einem Fischknochen die gewünschte Form schaben. Heute war es einfacher, denn Kuakuali besaß ein scharfes Jagdmesser und hätte damit in kurzer Zeit fertig sein können. Aber er genoß die Vorbereitung und ließ sich viel Zeit. Immer wieder betrachtete er mit zugekniffenen Augen sein Werk, hielt es mit ausgestreckter Hand von sich weg und prüfte mit kundigem Blick, ob die Enden beider Seiten sich gleichmäßig verjüngten und der Bogen so die richtige Spannung bekam. Er probierte das immer wieder aus, indem er den Bogen mit dem Knie kräftig durchfederte. Seine alte Pfeilspitze aus Affenknochen ersetzte er für diesen Fischzug durch einen fein zugeschliffenen Metallhaken. Er würde besser als der Knochen sein und leichter die Beute durchbohren.

Ganz allein machte er sich nun auf den Weg zum Kuluenefluß. Der Wasserstand war nicht hoch, er reichte ihm gerade bis zu den Knien, und langsam, um möglichst wenig Aufruhr unter den Fischen zu stiften, watete er zur Mitte des Flusses. Hier blieb er eine Weile bewegungslos spähend stehen und lauschte. Seine Augen hatten einen wachsamen Ausdruck angenommen, und plötzlich richtete er sich auf, hob den Bogen, und schon sauste der Pfeil hinein in das klare Wasser. Kuakuali sah das Pfeilende an der Oberfläche zittern und schlagen und wußte, daß er sein Ziel getroffen hatte. Mit hohen Sprüngen setzte er seiner Beute nach. Dann kam das übliche: Pfeil herausziehen, Genick durchbeißen und die Beute ans Ufer werfen. Stundenlang flog so Fisch auf Fisch ins trockene Schilfrohr, und nicht ein einziges Mal schoß dieser Meister daneben. Jahrelange Übung, Freude am Fischfang und ein angeborenes Talent hatten Auge und Körper so trainiert, daß nichts seinem Spürsinn entging. Auf weite Entfernung sah er durch die grauen Fluten jeden Fisch, ahnte die kleinste Bewegung unter Wasser im voraus, berechnete aus Erfahrung die Brechung des Lichtes und wußte sogar, in welcher Richtung der Fisch flüchtete. Erst als sich die glitzernden Fischlein am Ufer zu Bergen häuften, glaubte er sein Teil zum Totenfest beigetragen zu haben und wandte sich mit seiner riesigen Beute zurück zum Dorf.

Stolz und Freude standen Kuakuali im Gesicht geschrieben. Schaut her, was ich euch mitgebracht habe! Keine Grenzen waren seiner Energie gesetzt, und ob er sie verschwendete oder wie heute auf einen sinnvollen Zweck ansetzte – ihm war es gleichgültig. Heute brauchten sie im Dorf viele Fische, also brachte er sie mit. Ein andermal ging er nur zu seinem Vergnügen. Ganz allein. Wie herrlich war das! Er konnte seine Schritte so lenken, wie es ihm gefiel, Zeit hatte er genug, für ihn gab es nichts zu versäumen.

Die drei Tänze

In der beginnenden Abenddämmerung umgab, fast geisterhaft, eine geheimnisvolle Stimmung das Jakuihaus. Begleitet vom eintönigen Gesang zweier Schamanen, die in regelmäßigen Abständen mit ihren Kürbissen rasselten, holten die Kalapalo ihre bemalten Totenpfähle aus dem Männerhaus und stellten sie dicht vor seiner Breitseite auf. Massiv und doch unheimlich wuchsen sie senkrecht aus dem Boden. Symbolisch setzte man den beiden toten Männern auf den Baumwollflaum des Kopfes noch den letzten Schmuck. Zwei wunderbare Federdiademe, deren Hüte aus Stroh ringsum mit prachtvollen Ornamenten geflochten waren. Als Krönung ein Kranz gelber Federn, die wie Gold glänzten, denn eben hatte die Sonne ihren Tageslauf beendet, und durch die verkrüppelten Bäume sah man, wie sie langsam im See versank. Noch einmal ließ sie die Federn der Totenpfähle im rotgoldenen Gegenlicht aufleuchten, ganz kurz nur, und verschwand im immer dunkler werdenden See. Düster war auch die Stimmung der nächsten Verwandten, die zusammengekauert am Fuß der Pfähle hockten, um mit lautem und andauerndem Weinen ihre Toten zu beklagen, deren Seelen sich noch unter ihnen im Dorf befanden.

Der Name der Toten durfte nicht mehr ausgesprochen werden, die Geister würden es nicht dulden. Aber trotz des Schweigens wußte jeder, daß der linke Pfosten für den Sohn Bororós stand.

Der mittlere Totenpfahl mit dem mächtigen gelben Federschmuck war der berühmte Häuptling Jupala, und der rechte galt Faritas Frau. Farita, der vor dem Pfahl auf dem Boden weinte, war schon mit dem Flugzeug in der großen Stadt gewesen und führte deshalb auch noch den Namen Antonio. Er war ein bekannter Mann, und voll Stolz zeigte er bei jeder Gelegenheit eine Zeitung herum, in welcher er in vollem Federschmuck abgebildet war. Es standen noch ein paar seiner Freunde und Verwandten im Hintergrund des Bildes, aber fragte man ihn nach deren Namen, schwieg er hartnäckig, denn diese Bildzauberei war ihm sowieso nicht ganz geheuer, und er wollte die Dämonen lieber nicht erzürnen.

Häuptling Bororó, der bei diesem Kwarup einen seiner Söhne zu beklagen hatte, war mehr als die anderen betroffen. Einmal war er als vorläufiger Häuptling der Leiter des Festes, zum anderen war er trauernder Vater.

Da standen sie nun, die mächtigen, geschmückten Totenpfähle, und wandten ihre Gesichter starr nach Osten, der aufgehenden Sonne zu, gleich den Körpern der Toten unter der Erde des Dorfplatzes. Meist waren es gute Freunde der Verstorbenen, die das Amt des Totengräbers übernahmen. Sie fragten vorher bei den Verwandten an, ob sie diese Arbeit verrichten dürften, und wurden später dafür mit Nahrungsmitteln belohnt. Häufig waren sie auch mit den Boten identisch, die dann die Nachbarstämme zum Kwarup einluden.

Die Dunkelheit senkte sich langsam über Dorfplatz und Trauernde, und nun wurden die Feuer hergerichtet. Im letzten Abendlicht begannen sie riesige, bis zu acht Meter lange Holzstämme zu klieben, indem einer am Ende mit der Axt einen Spalt schlug, in den ein zweiter einen mannshohen Keil klemmte, bis der Stamm der Länge nach gespalten war. Diese Scheite wurden vor die drei Pfähle gelegt und so angezündet, daß nur das Ende zum Kwarup hin brannte. Die Toten hatten nun ein Feuer und brauchten in der Nacht nicht zu frieren. Damit sie auch nicht Hunger leiden mußten, legte man ihnen zu Füßen Maniokkuchen. Geformt und gemischt mit der Erde des Dorfes und dem Wasser des Sees, gebacken in der heißen Sonne der Heimat.

Es war finster geworden. Die ganze Gemeinde hatte sich versammelt. Erneut begannen die Schamanen zu rasseln und zu singen. Einige Männer schlossen sich an und gingen mit langsamen Tanzschritten in einer Linie vor und zurück. Zu ihnen gesellte sich nun eine Gruppe von Frauen, die, angeführt von zwei Flötistenpaaren, mit wiegenden Stampfschritten sich an den Schultern hielten und tanzten. Während letztere in die Häuser gingen, begann der Reigen der Flötenspieler bei der Hütte Bororós und bewegte sich dann feierlich von Ost nach West und wieder von West nach Ost. Ein Weg, den auch die Sonne bei Tag und dann bei Nacht auf der nach ihrer Vorstellung flachen Erde ging. Ein Lauf ohne Ende. Selbstverständlich benutzten die Musikanten nicht die geheimnisvollen und vor den Frauen verborgenen Jakuiflöten, sondern bliesen die doppelten, verschieden langen Uruiflöten aus Bambusrohr. Auch sie waren mit viel Überlegung gearbeitet. Da die in der Natur gewachsenen Baumbusrohre sich verjüngen, nahmen sie zwei Stangen, schnitten die gleichdicken Teile heraus und fügten sie konisch mit Pech oder Bienenwachs ineinander, so daß die Flöte in ihrer Gesamtlänge den gleichen Durchmesser bekam. Immer eine längere und eine kürzere Flöte band man zusammen, und so ergab sich die Uruiflöte. Nun begann die große Zeremonie des ganzen Kalapalostammes. Wunderbar rhythmisch stampften sie um die drei Pfosten herum; wild und ungebärdig, wie es der Name verhieß, begannen sie mit dem »Kriegstanz«, um dann ohne Übergang ihre Trauer kundzutun. Eintönig nun das Stampfen der nackten Füße, dumpf das Blasen der Uruiflöten, und immer wieder das laute Jammern und Weinen der am Fuße der Totenpfähle kauernden Familien.

Plötzlich verstummte das Flöten und Klagen – es herrschte Totenstille. Eine Atempause nur, denn wie auf ein geheimes Zeichen begann jetzt der Kreistanz des ganzen Stammes um die Pfähle. Wieder war die Luft erfüllt vom Klagegeheul der Verwandten, stärker und jammervoller als bisher. Der Tanz wurde immer schneller und hektischer und gipfelte im wilden »Feuertanz«. Dabei ergriffen sie die langen brennenden Holzscheite und schwangen sie über ihren Köpfen, die sie aufleuchten ließen wie Bilder aus einem Zauberreich. Es war, als tanzten Lichtwesen über dem sandigen Boden, rot wie die Feuersglut, gleich gestaltgewordenen Klängen. Sie hüpften, sprangen, stampften – es schien, als ergösse sich die ganze Fülle ihrer Lebenskraft und Wildheit, als hörte man sämtliche Urlaute des Dschungels in einem einzigen Aufschrei. Eine berauschende Stimmung. Ihre Schreie galten der Jagd, den Tieren, den Flüssen, den Bäumen, dem Krieg, dem Maniok, dem Mais und dem Honig. Da die Toten noch immer gegenwärtig waren, bezog sich alles, was sie tanzten und sangen, auf Gegenstände und Begriffe ihres täglichen Lebens.

Auf dem Höhepunkt der Zeremonie verstummten Rasseln und Flöten plötzlich. Die Holzscheite wurden wieder vor die Totenpfähle gelegt, und alle Tänzer warfen sich ihnen zu Füßen. Nun stimmten sie in das Klagen der Familien ein und weinten herzzerreißend. Langsam und wortlos zogen sie sich nach diesem Gefühlsausbruch in ihre Hütten zurück. Sie setzten noch den strohbedeckten Bambusrahmen als Tür vor das Eingangsloch, das zum Dschungel zeigte, um sich vor der Kälte zu schützen. Nur die Hunde konnten sich im unteren Spalt noch durchzwängen. Die gegenüberliegende Öffnung zum Festplatz hin blieb heute nacht wegen der zu erwartenden Ereignisse offen.

Erhabene Stille lag über dem Dorfplatz, auf dem nur noch die drei Totenpfähle standen. Zu ihren Füßen die Glut der verglimmenden Scheite.

Die Mehinaku überbrachten die Keramiktöpfe der beleidigten Waura.

Plötzlich dröhnte ein Gewehrschuß aus dem Dschungel. Indianergeheul durchschnitt die Luft, und das Dorf geriet erneut in Unruhe. In der Ferne leuchteten Feuer auf, Schreie gellten laut in den Nachthimmel, an dem die Sterne glänzten. Es waren die Mehinaku, jene auffallend untersetzten, stämmigen Aruaken, die als erste angekommen waren und in gehöriger Distanz vom Dorf ihr Lager aufgeschlagen hatten. Neue Feuer kündeten von weiteren Stämmen. Den Pfad vom Kuluenefluß herauf kamen die Waura und suchten sich Bäume, um ihre Hängematten anzubinden. Der ganze Dschungel schien plötzlich voller Leben. Vom Westen hörte man die Kamayura und Yawalapiti, es näherten sich die Kuikuro, die Aweti und Nahukua, bis alle geladenen Stämme vollzählig waren. Ihr Schreien und Lärmen sollte Häuptling Bororó anzeigen, daß sie sich in friedlicher Absicht seinem Dorfe näherten und nicht etwa heimlich einen Überfall planten.

Bororó hockte wieder zum Empfang vor seiner Hütte, und im Schein der ringsum brennenden Feuer erschien der erste eingeladene Stamm. Geschmeidig wie Katzen näherten sie sich dem Dorf und stürzten sich angesichts der Totenpfähle mit fürchterlichem Geheul auf den Dorfplatz. Neue Stämme waren da, und jeder einzelne vollführte die gleichen Tanzzeremonien wie vorher schon die Kalapalo. Feuer brannten, rote wildbemalte Gesichter leuchteten auf, Feuerschlangen wirbelten in der Luft, bunte Federn zitterten auf den Köpfen. Immer neue rote Gesichter, unheimlich, eindrucksvoll und beängstigend. Die aufpeitschende Wirkung des Tanzens und Jaulens machte einer begreiflichen Müdigkeit Platz. Um Mitternacht war aller Spuk vorbei. Ganz plötzlich schlug höchste Erregung in die Stille der Erschöpfung um.

Doch keiner von ihnen würde in dieser Nacht schlafen. Schliefen sie ein, dann könnten sie träumen, und wer weiß, ob sie nicht träumten, daß sie morgen beim Huka-Huka verlieren würden. Denn wer träumt, daß er verliert, der verliert wirklich – also mußte man wach bleiben. Man durfte nicht zulassen, daß der Schatten oder die Seele im Traume davoneilte und Dinge sah, die der schlafende Körper in der Hängematte nicht wünschte. So dachten sie an den morgigen Tag und hielten sich wach mit ihren Hoffnungen und Wünschen für die bevorstehenden Kämpfe. Der eine oder andere mag auch an die drei Toten gedacht haben, deren Seelen morgen vom Leibe befreit würden, um in das Reich der Schatten entweichen zu können. Warum sie wohl gestorben waren? Man konnte nichts darüber erfahren, denn der Tod war für sie kein natürlicher oder normaler Vorgang. Es gab keine Notwendigkeit des Sterbens in ihrer Vorstellungswelt. Nur eine böse Tat konnte die Ursache des Todes sein. Wären alle Indianer gut, brauchte niemand zu sterben. Keiner würde krank, und die Schamanen könnten sich darauf beschränken, abends beim Feuerschein ihre Geschichten zu erzählen. Aber den Tod gab es. Man fand sich damit ab, und er unterschied sich vom Traum nur insofern, als die Seele nicht nur für einige Stunden, im Traum also, in das Land der Schatten eilte, um dann wieder in den Körper zurückzukehren, sondern sie wanderte so weit weg, daß sie nicht mehr zurückkehren konnte.

Das Reich der Schatten hatte weder Himmel noch Hölle, auch wurden die Seelen nicht nach Gut oder Böse geschieden. Eine Ethik im Sinne der Weißen kannten sie nicht. Gutsein und Schlechtsein, dafür gelobt oder gestraft zu werden – diese Vorstellung war ihnen fremd. Bestand man die beiden Gefahren der Milchstraße, winkte allen der gleiche Aufenthaltsort unter gleichen Bedingungen. Dort fanden sie alles in reichem Maße vor, was sie zum Leben brauchten. Es herrschte weder Mangel an Fischen noch an Fleisch und Maniok.

Die bösen Burschen ihres Stammes lebten nicht mit ihnen im Himmel zusammen. Das war keine Strafe, sondern diese groben Kerle konnten es auch weiterhin nicht unterlassen, ihre Unarten zu treiben, anderen Schlimmes zuzufügen, und so tauchten sie nachts in den Wäldern auf oder geisterten bei Mondenschein im Schilfrohr des Flußufers. Aus Angst vor ihnen hatten die Bewohner im Kreis um das Dorf herum Abwehrzeichen aufgestellt und große Rindenfiguren in die Bäume geschnitzt. Schlangen und Jaguare sollten sie vor Unheil schützen. Keiner war da, zu richten über Gut und Böse, sondern alles setzte sich natürlich fort, so wie es begonnen hatte. Tod war nicht das Ende vom Leben, sondern das Weiterleben in einem anderen Reich.

Die nächtlichen Träume, in denen der Indianer so häufig seine Vorfahren sah und sprach, waren ihm Beweis genug. Nichts wußte dieser Mann am Xingu vom wirklichen Ablauf der Lebensvorgänge.

Die Braut aus dem anderen Dorf

Die Gedanken Tiuvis, der Indianerin vom Stamme der Kamayura, waren in dieser Nacht vor dem Kwarup auch nicht zur Ruhe gekommen. Sie galten nicht Kampf, Niederlage oder Sieg, sondern Hakanei und dessen Familie, die auch die ihre werden sollte. Bei einigen Xinguanern war es Brauch, daß Vetter und Cousine einander heirateten. Auch Tiuvi und Hakanei waren nahe Verwandte, da Hakaneis Vater der Bruder von Tiuvis Mutter war. Diese, eine Kalapalo, hatte einen angesehenen Mann vom Stamme der Kamayura geheiratet, und nun sollte ihre Tochter als junge Ehefrau wieder in das Heimatdorf der Mutter zurückkehren. In all dem Trubel der Festvorbereitungen hatte Tiuvi die zukünftigen Schwiegereltern noch nicht gesehen und wartete freudig auf die Aufforderung, sie morgen in ihrer Hütte zu besuchen.

Ein typisches Merkmal des Indianers ist seine Achtung vor der älteren Generation. Getrennt voneinander lebten Alte und Junge in ihren Hütten, und niemals würde der Sohn es wagen, unaufgefordert das Haus des Vaters zu betreten. Aber auch der Vater achtete den privaten Bezirk seiner Kinder und besuchte sie nur auf deren Wunsch. Das Leben in der dörflichen Gemeinschaft war ja so eng miteinander verbunden, daß sich überall die Gelegenheit ergab, sich zu sprechen. Alles taten sie gemeinsam, und alles wurde auch gemeinsam geplant.

In einigen Dörfern war es noch Sitte, den jungen Ehemann eine Zeitlang in der Hütte der Eltern seiner Braut wohnen zu lassen. Er arbeitete mit beim Roden, ging mit auf die Jagd und konnte beweisen, daß er die wichtigsten Tätigkeiten verstand und fähig war, seine zukünftige Familie zu erhalten. Aber kaum war das erste Kind unterwegs, zogen sie in ihre Hütte, und der Mann hing seine Hängematte über die des Mädchens. Hakanei hatte es nicht nötig, eine Probezeit im Kamayuradorf bei den Eltern Tiuvis zu verbringen, denn er galt als tapfer und klug, und der Bericht darüber, wie er als Vierzehnjähriger mit einem Bambuspfeil einen Jaguar getötet hatte, war in alle Xinguhütten gedrungen. So brauchte sich das junge Mädchen eigentlich keinerlei Gedanken zu machen und konnte den kommenden Tag ruhig erwarten – sie würde bald eine angesehene Kalapalo sein.

Die Stellung der Frau war geachtet und würdig, und wenn sie auch von einige Zeremonien ausgeschlossen war, berücksichtigten die Männer doch meistens ihre Wünsche. Die Frauen waren klug genug, die Besprechungen oder das Rauchen während der Dämmerstunden nicht zu stören noch je den Wunsch zu äußern, das Jakuihaus zu betreten. Dafür wurde ihnen der Schutz zuteil, den sie als Schwächere brauchten. Wenn sie schwer bepackt von den Feldern nach Hause gingen, so war es nicht Faulheit des Mannes, daß er ihnen folgte und nur Waffen und Paddel trug, sondern er gab ihnen Rückendeckung gegen die Gefahr des Dschungels und mußte bereit sein, ihr Leben mit der Waffe gegen wilde Tiere oder Frauenraub zu schützen.

Auf dem Weg in die Savanne schritt er stets vor ihnen her, um ihnen einen gefahrlosen Weg in die Rodung zu bahnen. Einer war auf den anderen angewiesen, war sich darüber im klaren und zufrieden mit seinem Teil, den er zu ihrem harten Dienst beitragen mußte.

Noch eine andere junge Frau dachte in dieser Nacht der Aufregung und Unruhe nur an ihr persönliches Schicksal. Es war Halita, die Keramikerin vom Stamme der Waura. Sie war mit niemandem verwandt, kannte keinen der Kalapalo und hatte ein wenig Angst vor all dem Neuen. Mit Majuschika war es so einfach gewesen. Sie hatten sich angeschaut, ein wenig gescherzt und geredet und sich gefallen. Aber was würden seine Eltern sagen? Majuschika hatte lachend ihre Bedenken zerstreut. War sie nicht eine Waura und kannte das Geheimnis der Töpferei? Freudig würden seine Familie und die Stammesbrüder dieses begabte Indianermädchen willkommen heißen. Halita war stämmig und fest gebaut. Ihre breiten und kräftigen Hände ließen darauf schließen, daß sie schon manche schwere Maniokschüssel geformt hatte. Eine besonders schöne und große hatte sie als Geschenk mitgebracht. Aus hellrotem Ton, ein Material, das selbst bei den Waura selten war. Sie wollte den Topf bei Morgengrauen heimlich vor die Hütte des Häuptlings Bororó stellen. Als Gastgeschenk und auch als Probe ihrer Kunstfertigkeit.

Ankunft der Stämme zum Kwarup

Über dem Dorf der Kalapalo graute der Tag. Leichter Nebel zog vom Seeufer über das Schilf bis an den Rand des Dschungels, löste sich über der trockenen Savanne auf, die nach ihrer Vorstellung irgendwo endet, wo die eigene Phantasie nicht mehr hinreichte. Die bienenkorbförmigen Hütten warfen weiche Schatten im milden Schein der wäßrigen Sonne, die noch so tief stand, daß ihre Strahlen fast parallel zum Erdboden unter die überdachten Arbeitsplätze hinter den Häusern schienen. Das nächtliche Streitgebell der Hunde war verstummt, die Mäuse suchten Schutz in ihren Erdlöchern, und auch die Skorpione hatten sich verkrochen. Es herrschte tiefe Stille. Eine Stille, die alle Erwartung und Spannung des kommenden Tages in sich trug. Aber schon nach kurzer Zeit hatte sich diese Szenerie völlig verändert. Mit lautem Gejaule kamen die Kalapalo mit stampfenden Tanzschritten aus der Hütte ihres Häuptlings und umkreisten die Kwarup, immer wieder angefeuert durch das Rasseln der Kürbisse, die die Schamanen unermüdlich schüttelten.

An dem Pfosten von Faritas Frau hatte jemand in der Nacht ein kleines Keramikgefäß aufgestellt. Es barg ein wenig Salzasche als Opfergabe, von den Mehinaku erworben, denn nur sie verstanden sich darauf, dieses begehrte und kostbare Gewürz aus verbrannten Wasserhyazinthen zu gewinnen. Am Morgen hatte der Witwer mitten auf dem Dorfplatz eine rituelle Reinigung über sich ergehen lassen; sie sollte das Vergangene abwaschen. Für ihn begann ein neues Leben, sobald die Seele seiner Frau auf dem Weg in das Reich der Schatten war.

Im Westen des Dorfes sah man plötzlich Bewegung. Auf einem Pfad näherten sich nach vorgeschriebener Ordnung die einzelnen Stämme. Voran die Häuptlinge, bewaffnet mit Gewehren als Zeichen

Oben:
Immer wieder brachen die Verwandten an den Kwarups in lautes Klagegeheul aus, begleitet vom Rasseln der Schamanen.
Unten:
»Huka-Huka« dröhnte es aufstachelnd über den Platz.

ihrer Würde. Dahinter im Gänsemarsch, mehr ließ der schmale Pfad nicht zu, die Frauen, beladen mit Töpfen, Hängematten und Kindern, die sie auf ihrer Hüfte schleppten oder vor sich herschoben. Laute Rufe der Ankömmlinge drangen bis ins Dorf und machten die Kalapalo auf ihre sich nähernden Gäste aufmerksam. Zum letzten Male sollte für kurze Zeit Ruhe herrschen, bis die Häuptlinge mit ihren Frauen, wie die Sitte es befahl, wenige Minuten zwischen den Hütten verhielten und ein »Pariat« von Häuptling Bororó auf sie zukam und ihnen einen Platz anbot. Für die Häuptlinge hatte man schöne geschnitzte Schemel aufgestellt, die Frauen setzten sich mit ihrem gesamten Hab und Gut auf die sauber gefegte Erde. Es war ein unbeschreiblicher Wirrwarr von Töpfen, Hängematten, Taschen, Gewehren, Kalebassen und jubelnden Kindern, die all das Neue staunend genossen. Immer neue Gruppen näherten sich dem Dorf, bis der ganze Platz einem bunten, lärmenden Jahrmarkt glich. Einer nach dem anderen hatte inzwischen Platz genommen. Die Kuikuro zuerst, dann die Yawalapiti, Kamayura und die Mehinaku. Die Aweti und Nahukua waren schon vorher eingetroffen. Häuptling Bororó umfaßte sie alle mit einem Blick des Wohlwollens und Stolzes – niemand hatte es gewagt, seiner Einladung fernzubleiben. Ein Gefühl der Genugtuung überkam ihn, und er wußte, daß man noch lange von diesem Totenfest bei den Kalapalo sprechen würde, zu dem alle Stämme erschienen waren. Alle? Unruhig suchte Bororós Auge die Pfade ab, die von der Savanne und dem See zu ihrem Dorfe führten, doch nirgends waren die Waura zu sehen. Was war geschehen? Majuschika hatte ihm noch am Tag zuvor die Zusage und dann auch die Meldung von der Ankunft der Waura überbracht. Auch bei der nächtlichen Totenehrung hatte er sie gesehen. Was konnte sie heute ferngehalten haben? Bororó hatte etwas verlauten hören, daß sie gestern, als sie den Kulueneflüß überqueren wollten, kein Boot der Gastgeber vorgefunden hätten und darüber schon verärgert und beleidigt waren. Konnte dies der Grund sein?

Ein Mann vom Stamme der Kuikuro löste bald das Rätsel. Er berichtete, daß sie in der Nacht mit den Waura in Streit geraten seien,

Massig standen die bekleideten Totenpfähle auf dem Dorfplatz, unter dem die Toten des Clans bestattet wurden. Zu den Füßen der Kwarup-Pfähle die Opfergaben der Verwandten: Nahrungsmittel aus Maniok, Seewasser und Dorferde für die Toten. Hinten das Männerhaus, in dem die heiligen Jakuiflöten aufbewahrt werden, die keine Frau sehen darf.

der so heftig getobt habe, daß es beinahe zu einer regelrechten Schlacht gekommen wäre. Da die Kuikuro als harte, unerbittliche Krieger weithin bekannt waren, hatten es die empfindsamen und mehr dem Künstlerischen zugeneigten Waura vorgezogen, das Feld zu räumen und wieder nach Hause zu gehen. Vielleicht fand dieser als etwas hochmütig bekannte Stamm es auch unter seiner Würde, zu kämpfen und zu raufen. Lieber zogen sie unter gutem Vorwand wieder in ihr Heimatdorf und widmeten sich dort der Herstellung ihrer hübschen Keramiktöpfe, welche ja die anderen doch nicht entbehren konnten.

Häuptling Bororó hatte auch gar keine Zeit mehr, sich darüber den Kopf zu zerbrechen. In der gleichen Reihenfolge wie die Häuptlinge mit ihren Frauen stürzten nun die übrigen Männer aus dem Dschungel über die verschiedenen Pfade zum Dorfplatz. Viel zu eng war der Weg für diese Horde schreiender, bellender und jaulender Rothäute. Das Durcheinander wurde immer größer, es wimmelte von nackten rotbemalten Körpern. Dazu die langsam im Kreise laufenden Flötenspieler der einzelnen Stämme, die mit schwingenden Hüften im Kreise schritten und ihre traurigen Melodien bliesen. Sie waren herrlich geschmückt. Auf ihrem Rücken hingen schwanzähnliche Gebilde, wie Schlangen und Krokodile. Einige Flötenspieler der Mehinaku trugen Schlangenhäute als Zöpfe. Sie standen steif wie ein Rohr von ihrem Nacken ab, und an ihrem Ende baumelten die Krallen des Gürteltieres. Diese Klauen verkörperten Kraft und Geschicklichkeit und bedeuteten ebenso ein gutes Omen wie Schutz vor den gefürchteten Dämonen. Ohne zu ermüden, stampften sie den Takt, wobei die Betonung auf dem rechten Fuß lag, der fester aufgesetzt wurde und dadurch den eigenartigen Rhythmus erzeugte. Bald waren sie über und über mit Schweiß bedeckt, der die Bemalung ihrer Körper nur noch stärker aufleuchten ließ. Langsam näherte sich dieser rituelle ernste Teil des Totenfestes seinem Ende, und es sollte nicht mehr lange dauern, bis die Trauer in helle Ausgelassenheit umschlug.

Die Verlockungen der anderen Welt

Huka-Huka! Ein Zauberwort für jeden Xinguaner. Wer würde wohl Sieger beim bevorstehenden Ringkampf? Kaluene, der Kraftprotz der Kalapalo, oder noch ein letztes Mal Takuma, der Kamayura? Oder sollte ein gerade der Klausur entwachsener Jüngling, wie der Yawalapiti Aritano, der Held dieses Kwarups werden? Die Gefühle der Kamayura für Takuma waren zwiespältiger Art. Er gehörte wohl noch zu ihnen, aber gerade sein Verhalten hatte dazu beigetragen, daß sich die Kamayura untereinander nicht mehr so gut verstanden wie früher. Ihnen fehlte der Führer, seit Takumas Häuptlingshaus am See verwaist war und er selber bei den eng verwandten Yawalapiti Unterschlupf gefunden hatte. Auch der Bruder Takumas, Jawita, auf den man Hoffnungen setzte, holte sich seine Kuikurofrau nicht in sein Heimatdorf, sondern zog wie sein Bruder zu den Yawalapiti. Dort lebten ihre beiden Schwestern Tepuvi und Kajalo als Frauen des Häuptlings Kanato, und diese engen Bindungen an die Yawalapiti ermöglichte ihnen ein Leben, wie sie es sich vorstellten, ohne Verpflichtungen gegenüber ihren Traditionen. Einmal waren es die Errungenschaften der Weißen, die ihnen angenehm schienen, ein andermal kamen ihnen die Sitten der Indianer gelegen.

Bekanntlich fürchtete Takuma sich wohl auch ein wenig vor seinem eigenen Stamme, und es wäre durchaus möglich, daß man ihn für verhext erklären und heimlich töten würde. Man könnte Flüsterpropaganda gegen ihn machen, und wenn Angst und Abneigung gegen ihn genug geschürt würde, käme er einfach eines Tages nicht mehr von der Jagd nach Hause. Es fände sich schon einer, der ihn aus dem Hinterhalt erschlagen würde. So war es auch seinem Vater, dem alten Tamapo, ergangen. Er starb eines unnatürlichen Todes, und man war damals sicher, daß der Vater von Pataku ihn verhext hatte. Takuma besaß keine Gewalt über seinen Stamm und kein Richteramt, denn die Macht eines Häuptlings war begrenzt. Sie beschränkte sich darauf, den Dorfbewohnern die Arbeit zuzuweisen, etwa die großen Jagdausflüge oder Fischzüge zu organisieren und das Bebauen der Felder einzuteilen. Da Takuma intelligent war, verschwand er, bevor die Volksstimme sich gegen ihn erhob. Er war keineswegs ein

Feigling, und sicherlich ging er aus Klugheit seinen Feinden aus dem Weg.

Heute, im Schutze der Yawalapiti, wollte er noch einmal an einem Kwarup teilnehmen. Sah man ihn, größer als die anderen, muskulös und wie ein Adonis gewachsen, auf dem Dorfplatz stehen, konnte man glauben, daß seinen Kräften so leicht keiner gewachsen war. Was man allerdings nicht sah, war die durch den Aufenthalt am Posto Leonardo bereits eingetretene Verweichlichung. Fast täglich trieb er sich dort herum, rauchte amerikanische Zigaretten und schnippte sie mit der gleichen lässigen Handbewegung wie seine weißen Vorbilder aus dem Päckchen. Feuer hatte er nie. Aber irgend jemand in seiner Umgebung gab es ihm, sonst verlangte er ganz selbstverständlich eine Schachtel Streichhölzer. Er besaß mehrere Gewehre, die man ihm hinter Orlandos Rücken heimlich geschenkt hatte. Es waren Einflüsse, die nicht zur Stählung seines einst athletischen Körpers beigetragen hatten, und seine Freunde, die ihm beim Einschmieren für das Kwarup behilflich gewesen waren, hatten sicherlich schon etwas von dieser Veränderung bemerkt. Als sie die Urukufarbe auftrugen, fühlten sich seine Muskeln nicht mehr so hart und gespannt an wie früher, und eine leichte Fettschicht war der Preis für das bequeme Leben. Seine Augen waren nicht mehr die klaren, scharfen Sehwerkzeuge, mit denen ein Indianer alles erspähte – Tier, Gefahr, Freund und Feind. Sie waren rot und verquollen und schauten nicht mehr ruhig und kühn auf ihr Ziel. All dies mag dazu beigetragen haben, daß er Ansehen und Macht bei den Kamayura verloren hatte. Wie zwiespältig aber seine Seele war, zeigte seine Anwesenheit und Teilnahme an diesem Totenfest. Hoffte er, der Sieger vieler Ringkämpfe, noch dieses eine Mal zu beweisen, daß er der Beste war? Wollte er seinen unruhigen Geist noch einmal untertauchen lassen in Riten, die ihm von Kindheit an vertraut, aber heute zweifelhaft erschienen? Einmal noch wollte er seine Kraft mit den anderen messen. Wollte er es dem schönen jungen Tuvole zeigen, wer Takuma ist? Diesem Prachtkerl Tuvole, der vielleicht eines Tages der neue Häuptling der Kamayura werden würde.

Er schwankte zwischen Hoffnung und Sorge, ohne die Ruhe und Gelassenheit zu haben, die eine der typischsten Eigenschaften der Indianer ist. Ein Unheil, das die Kamayura in der vergangenen Nacht im Biwak getroffen hatte, gab ihm vielleicht die Ausrede für eine unabwendbare Niederlage. Im Lager der Kamayura war eine der Frauen unwohl geworden, und alle wußten, daß sie nun niemals gewinnen könnten. Während dieser Tage galten die Frauen als nicht rein. Sie durften nicht kochen, nicht Wasser holen oder baden und vor allem keinen Mann berühren. Diese Nacht war das Unglück geschehen und das Lager der Kamayura unrein geworden. Takuma hatte schon gewisse Zweifel an diesem Glauben, aber nun schien es ihm eine willkommene Entschuldigung für die etwaige persönliche Niederlage und die seines Stammes. Nervös und unruhig packte er schließlich seinen kostbaren Federschmuck aus, den er vorsorglich in ein neues Tuavi gepackt hatte. Er bemühte sich, möglichst nicht in die Nähe Tuvoles zu kommen und schaute ihn nur mit matten Augen, aus denen Neugierde und eine Spur Furcht sprachen, von ferne an.

Tuvole mochte an die dreißig Jahre alt sein. Kräftig und groß, hatte er den geschmeidigen Körper des erfolgreichen Ringers. Es fiel leicht, sich vorzustellen, daß er für jede Frau begehrenswert war. Vielleicht lag diese Anziehung auch in seiner Zurückhaltung, die leicht hochmütig und stolz wirkte. Dabei war er stets höflich und bescheiden, aber seine natürliche Überlegenheit stellte ihn etwas außerhalb seiner Stammesbrüder. Sein Leben war ein Märchen, dem zu lauschen Enuya nie müde wurde. Enuya, fast ein Kind noch, hatte gerade die vier Monate Klausur hinter sich gebracht, der sich auch alle Mädchen mit Beginn der Pubertät unterziehen müssen. Der Anfang wurde meist so bestimmt, daß sie zu einem großen Fest endete, so wie für die kleine Enuya und den Sohn Kanatos, Aritano, die kurz vor Beginn der Regenzeit ihre Prüfungen bestanden hatten und nun als reife Menschen am Kwarup teilnehmen durften. Abgeschlossen von den anderen, im dunklen Raum ohne Tageslicht, hatte sie sich ihre Haut mit dem Wundkratzer an Oberarm und Schenkel zierlich, aber doch schmerzhaft geritzt, während der Schamane sie mit Tabakrauch anblies. Sie hatte die Tugenden einer Frau und Mutter gelernt und die Zubereitung einer geheimnisvollen Medizin aus Baumrinde, deren Einnahme Fehlgeburten verhindern würde. Ihr Ohrläppchen wurde durchlöchert wie bei den Knaben, und ihr Haar fiel ganz über das Gesicht. Sie hatte wie alle Jungfrauen und Jünglinge nach der Klausur einen neuen Namen bekommen. Enuya hieß sie nun, wie eine ihrer Vorfahren. Und das Uluri, welches sie jetzt zum ersten Male tragen durfte, hatte sie besonders kunstvoll und zierlich geflochten. Wie sehr wünschte sie, daß Tuvole es bemerken sollte, als sie, ein wenig abseits vom allgemeinen Trubel, ihn bat: »Erzähle, wie es war in der großen Stadt.«

»Du weißt es doch.«

»Ja, aber erzähle es wieder.«

Obwohl Tuvole noch nicht so alt war, gab es für ihn schon ein Stück Vergangenheit, das Glück und Schmerz enthielt. Und sie zu beschwören, half ihm, leichter mit ihr fertig zu werden.

»Vor zwei Jahren«, begann er, »hatte mich Orlando vom Posto Leonardo mit einigen anderen Kamayura ausgewählt, an einem großen Volkstanztreffen in einer der Riesenstädte Brasiliens teilzunehmen. Alles war neu und erregend für mich. Der Flug im Bauche eines Riesenvogels, die Häuser, die Menschen, einfach alles, Enuya, alles schien fremd, verlockend, aber auch gefährlich. Wir tanzten jeden Tag vor einer schaulustigen Menge, die Leute klatschten in die Hände und jubelten uns zu. Und immer wieder waren es die Frauen, die zu mir kamen und mich anschauten mit Blicken, deren Verlangen mir Wohlbehagen und Angst einjagten. Sie waren anders als du und deine Schwestern. Nicht nur die weiße Haut – auch schienen ihnen Tabu und Geheimnis, was uns selbstverständliche Lebensäußerungen sind. Ich fühlte mich einsam, unglücklich und sehnte mich nach der Weite der Savanne, nach den Lauten des Dschungels und nach dem Lachen der Mädchen, wenn sie nach dem Bade in der Lagune ihre feuchten Haare auf ihren braunen Rücken klatschten. Ich wollte wieder das kräftige Maniokbrot essen, die Fischlein im Kuluenefluß jagen und abends am verglimmenden Feuer den Geschichten der Schamanen lauschen. So war meine Stimmung, als ich nach einer Tanzvorführung zu unserem Lager ging. Plötzlich fiel mein Blick doch auf ein junges Mädchen. Halb Kind noch und in ihrem Blick schon Frau. All meine Traurigkeit war wie weggewischt, als ich dieses Gesicht sah. Ein reizendes Geschöpf mit schlankem Körper, lustigen Augen und zarter weißer Haut.

Wir gingen ein paar Schritte miteinander, und nichts war fremd zwischen uns. Nichts schien uns zu trennen. Weder Hautfarbe noch Herkunft. Juanita, so hieß das Mädchen, war jung genug, das Leben ganz spontan und ohne Vorurteile zu nehmen, und alt genug, mir alle Freuden der Liebe zu schenken.«

Tuvoles Stimme klang fort und fort und ließ Enuya die Gegenwart, die geschmückten Kwarup, die eintönigen Gesänge und das Stampfen der Flötisten vergessen. Die Geschichte Tuvoles trug sie hin in die große Stadt Brasiliens, wo ein stolzer, schöner Kamayura eine weiße Frau liebte, sie heiratete und, als sie ein Kind von ihm bekam, es vor Sehnsucht nach dem Xingu nicht mehr aushielt und sie beide in sein Heimatdorf brachte. Aber ihr Glück sollte nicht lange währen. Den

Behörden paßte es nicht, daß eine Weiße mit ihrem Sohn unter Indianern lebte, und man befahl ihr, den Xingu zusammen mit ihrem Kind zu verlassen.

Enuya griff scheu nach Tuvoles Hand. An dieser Stelle der Geschichte, das wußte sie, wurde seine Stimme traurig und leise.

»Ich war nun wieder allein«, fuhr Tuvole fort, »und wußte nicht recht, was ich anfangen sollte. Das Anmalen meines Körpers mit Uruku, das schmerzhafte Ritzen der Haut und die Tänze um die Totenpfähle, ja selbst das Huka-Huka, an allem war ich nur mit halbem Herzen beteiligt. Ich wollte wieder Frieden finden, wieder zu meinen Stammesbrüdern gehören, wenn ich auch manches wußte und erlebt hatte, was sie nicht belastete. Das Schicksal war mir freundlich gesinnt und ließ mich dich finden, und ein neues Leben konnte beginnen. Wenn ich mich auch nicht befähigt fühle, nach all meinen Erfahrungen als Nachfolger von Takuma den Stamm der Kamayura als Häuptling zu führen, möchte ich doch mit dir hier unter ihnen leben, ihre Gesetze achten und unsere Kinder Wurzeln schlagen lassen in dem trockenen, aber zuverlässigen Boden unserer Vorfahren. Ich möchte sie behüten vor den Zweifeln, die mir nicht erspart blieben, und sie sollen mit deiner Hilfe Kamayura-Indianer werden, mutig, stark und lebensfroh.«

Tuvole und Enuya schauten sich an mit einem Blick voll warmer Zuneigung und wandten sich wieder dem Geschehen auf dem Dorfplatz zu.

Hier hatten alle Männer bereits ihren kostbaren Federschmuck abgelegt und zusammen mit den Jaguarkrallen oder Muschelketten in die Obhut der Frauen gegeben. Alles, was bisher Zeichen von Kraft und Würde war, bedeutete für den kommenden Ringkampf nur hindernde Angriffsfläche. Heimlich strich sich der eine oder andere noch ein wenig Pikiöl auf den ohnhin stark gefetteten Körper, damit der Gegner ihn schwerer packen konnte und die eigenen Gewinnchancen stiegen.

Huka-Huka

Spannung und kaum noch beherrschte Kampfeslust lag auf den Gesichtern der Männer, als Häuptling Bororó, der Leiter des Festes, den Beginn des Huka-Huka verkündete. Dieser Ringkampf wurde früher zur Ertüchtigung der Männer in ihren eigenen Dörfern durchgeführt, um sie für die Kriege zu stählen. Heute, wo sie keine Fehden mehr austrugen, war das Huka-Huka ein friedlicher Ersatz geworden. Um diesem »unblutigen Krieg« einen größeren Anreiz zu geben, kämpften alle Stämme des Xingugebietes bei dem Kwarup gegeneinander, und es gab, wie in ihren früheren Schlachten, Sieger und Besiegte. Die Stämme hatten sich inzwischen einander angeglichen, und außer der Sprache ließen nur noch wenige Gewohnheiten erkennen, daß sie einmal in Aruaken, Kariben und Tupi unterteilt waren, Gruppen, die aus ganz verschiedenen Gegenden stammten und sich erst im Laufe des vergangenen Jahrhunderts am Xingu angesiedelt hatten. Ihre Vorfahren waren jene Kannibalen, die von der Ostküste des Kontinents durch die Konquistadoren ins Landesinnere verdrängt worden waren.

Heute standen sie in Stammesgruppen um den Dorfplatz, und wenn es auch nicht Feindschaft und Haß waren, die sie am liebsten gleich auf den Gegner hätten losstürzen lassen, so leuchtete in ihren Augen doch der brennende Ehrgeiz, den anderen ihre Kraft zu beweisen. Häuptling Bororó bestimmte nun, wer zuerst gegen die Kalapalo anzutreten hatte, denn es war üblich, daß immer die einladende Gruppe alle anderen Stämme aufforderte. Bororós Wahl fiel zuerst auf die Kamayura und Yawalapiti, denn sie galten als die Stärksten. Danach kämen Schwächere, ihnen folgten wieder Stärkere, und am Schluß kämpften schließlich alle ohne bestimmte Reihenfolge.

Hakanei war einer der ersten Kämpfer, sein Gegner ein junger starker Yawalapiti. Noch knieten sie sich fast unbeweglich gegenüber, die Pilzköpfe lauernd nach vorne gestreckt. Plötzlich kam Bewegung in die roten, fettglänzenden Körper. Mit dem immer wiederkehrenden Ruf »Huka-Huka« betasteten sie sich zuerst mit den Handflächen und stampften im Kreis umeinander, ohne sich dabei aus den Augen zu verlieren. »Huka-Huka, Huka-Huka«, dröhnte es aufrührerisch über den Platz. Es war ein unglaublich rhythmischer Ruf, dazu als Betonung das Schlagen der offenen Handflächen auf den Boden. Unerwartet schnell warfen sie sich aufeinander. Staub flog auf, und schon hatten sie sich bei den Händen gepackt, und es begann der eigentliche Ringkampf. Er währte so lange, bis einer am Boden lag oder, schlimmer noch und beschämender, auf dem Rücken. Das dauerte ein bis zwei Minuten, manchmal ein wenig länger. Waren die Kräfte der Gegner sehr unterschiedlich, war das Schauspiel schnell zu Ende. Staubwolken wirbelten auf, und die Luft war gesättigt mit Schmutz und Schweiß.

Hakanei war ein guter Kämpfer – schnell, stark und mutig. Nach einer Minute lag sein Gegner auf dem Rücken, und der Sieger hieß Hakanei. Er umarmte den jungen Yawalapiti und führte ihn zu seinen Leuten zurück, denn alle Stämme standen in Gruppen um den Platz, erwartungsvoll und gespannt die Kämpfe verfolgend. Hakanei warf noch einen verstohlenen Blick auf die Frauen im Hintergrund, hoffend, daß Tuivi seinen Sieg beobachtet hatte.

Und nun traten sie alle an. Von jedem Stamm die Stärksten. Alle die, von denen man sich den späteren Sieg versprach. Tuvole kämpfte gegen einen Riesen der Kuikuro, der sich heimlich um Enuya beworben hatte. Er kam dem klugen Kamayura gerade recht. Jetzt wollte er allen zeigen, wer von ihnen beiden es verdiente, die schöne Enuya als Frau zu erringen. »Huka-Huka, Huka-Huka«, klang der Ruf, böse starrten sich die Gegner an. Beide waren prachtvoll bemalt. Tuvole hatte wie in früheren Zeiten seine Arme und Beine von den dicken Baumwollsträhnen befreit, und nur die tiefen Einschnürungen waren noch zu sehen. Er schien neben seinem massigen Gegner schmal und beinahe klein, doch sollte das täuschen. Blitzschnell warf er sich auf die Knie, klatschte mit seinen Handflächen auf den Sand, und ehe der Riese nur seine Arme gegen ihn ausstreckte, war allen Umstehenden klar, daß hier Intelligenz, Reaktionsvermögen und Geschicklichkeit über dumpfe, rohe Kraft siegen würden. Mit Entschlossenheit stürzten sie sich wie wilde Tiere aufeinander, stöhnten und ächzten, wenn einer den anderen hochhob, um ihn durch die Luft auf den Rücken zu werfen. Es war ein spannungsreicher Kampf, und die alten Weiber schrien und feuerten sie mit aufreizenden Lauten und hocherhobenen Armen an.

Diese Alten gehörten einfach dazu. Sie stachelten ihre Männer und Söhne an, wenn sie ihnen feige erschienen, wurden aber böse mit dem Gegner und beschimpften ihn, wenn er unsanft ihre Verwandten gefährdete. Immer ergriffen sie Partei und begleiteten einzelne Kämpfe mit ihrem nicht enden wollenden Gezeter und Geschrei, das von den Männern allerdings nicht beachtet wurde. Kaum eine Minute hatte es gedauert, und Tuvoles Gegner lag auf dem Boden. Haß glühte noch in beider Augen, und ohne sich die Hand zu geben, gingen sie vom Platz.

Jeder Stamm kämpfte gegen die Kalapalo, die durch die große Inanspruchnahme langsam ermüdeten. Starke kämpften gegen Starke, Schwache gegen Schwache. Und die besten Athleten wurden immer wieder aufgefordert, und oft genügte nur eine Handbewegung, um sie auf den Platz zu bringen. Dazu jedesmal das typische Indianergeheul des siegreichen Stammes nach beendetem Kampf. Nicht immer war diese Herausforderung sportlich und fair. Man hörte auch Ausrufe, die geradezu beleidigend waren, wie »Trau dich doch!« oder »Komm her, du Feigling!« Dann siegten manchmal sogar die Wut und der Zorn des Schwächeren. Oder es passierte, daß ein Schwacher am Bein hochgehoben und in die Menge geschleudert wurde. Fast rührend war es zu sehen, wenn zwischendurch einer der Buben seine Angst überwand und eine Handvoll Erde vor die Füße eines starken Mannes warf, gleichsam als schüchternen Fehdehandschuh und in der Hoffnung, daß der Gegner nicht allzu grob mit seinem noch kindlichen Körper umgehen würde.

Es war ganz klar, die Kalapalo würden diesen Huka-Huka überlegen gewinnen. Allein stand Tuvole, der Kamayura, mit seinem Sieg. Takuma hatte, wie befürchtet, nur ein Unentschieden erreicht und trat darauf nicht mehr an. Auf ihn hatten die Kamayura noch ein wenig gehofft. Aber das schlechte Omen der unwohlen Frau hatte die Niederlage heraufbeschworen und sicherlich auch seine innere Zerrissenheit, die ihn keinen Mannschaftsgeist mehr empfinden ließ. Jenen Geist, der sogar den Schwachen oft über sich selbst hinauswachsen ließ.

Die ringsum begeistert zuschauenden Indianer warteten noch auf einen Höhepunkt der Kämpfe. Aritano, der Sohn des Häuptlings Kanato, war der letzte Kamayura mit einer Chance. Mit blasser Haut – er hatte gerade seine Klausur beendet – kämpfte er gegen Kaluene, den Kraftprotz der Kalapalo. Erst in letzter Minute erschien Kaluene auf dem Platz. Er konnte sich von seinem Anblick nicht losreißen, den er in einer kleinen Spiegelscherbe genoß. Eitel und bösartig, war er bei den übrigen Indianern nicht beliebt. Als die fettglänzenden Körper der letzten Kämpfer durch die Luft flogen, machte er seinen großen

Auftritt. Arrogant schritt er auf den Gegner zu, der es gewagt hatte, ihn herauszufordern. Dumpf klang das »Huka-Huka« über den nun völlig aufgewühlten Platz. Prachtvoll die Gestalt des jungen Aritano. War er auch noch so jung, daß man nicht nur Muskeln an seinem Körper sah, erkannte doch jeder, daß es im nächsten Jahr keinen mehr gäbe, der ihn besiegen würde. Lange wogte der Kampf zwischen den beiden Rivalen hin und her. Keiner schien zu unterliegen. Ganze Wolken von Staub wirbelten wieder auf, die Gesichter, rot und schwarz angestrichen, waren voller Schweiß und Schmutz und der Anblick furchterregend. Die Ornamente auf Rücken und Brust, mit so viel Mühe kunstvoll gemalt, waren verschmiert und unkenntlich geworden. Schweißbäche hatten ihre Rillen gezogen, und die rot verkrusteten Haarpilze waren zerstört und wild zerzaust.

Kaluene war stark wie ein Jaguar, aber Aritano parierte geschickt und wendig wie ein Fisch. Auch besaß er die größere Intelligenz und darum schnellere Reaktionsfähigkeit. Man hörte sein Stöhnen, seinen schweren Atem, sah, wie er schwitzte, um diesen Kraftprotz Kaluene zu besiegen. Sein Vater Kanato stand am Rande, und mit lautem Geschrei unterstützte er seinen Sohn. Welch eine Kraft wurde hier auf beiden Seiten entfesselt! Wie eine phantastische Inszenierung das Ganze: wilde Gesichter, rot und glänzend, die nackten Körper, wie sie aufeinander stürzten. Die Zuschauer gerieten in Raserei, denn schon lange dauerte der Kampf. Man drängte, schob, feuerte fanatisch an, eine brodelnde Masse, ein fesselndes Bild. Immer aufs neue gellten die »Huka-Huka«-Rufe nun schon schreiend gegen den Himmel, der blaßblau über diesem großartigen Schauspiel lag.

Der riesige Kaluene hatte den Vorteil eines einzigen Augenblicks genutzt, und Aritano lag besiegt am Boden. Einen Moment lang war alles wie erstarrt. Aritano jedoch, ohne böse zu sein, umarmte Kaluene, den Sieger. Die Indianer brüllten vor Begeisterung über die Geste Aritanos. Es war eine Niederlage des Klugen, der auch zu verlieren verstand und außerdem wußte: Im nächsten Jahr gibt es keinen mehr, der mich bezwingt. Nicht so Kanato. Blind in seiner Vaterliebe, schrie er mit weitaufgerissenen Augen, daß der letzte Griff unfair gewesen sei, und seine Freunde hatten Mühe, ihn zurückzuhalten, damit er sich nicht auf Kaluene stürzte.

Noch bevor die Sonne am höchsten stand, war alles vorbei, und Sieger waren die Kalapalo. Wer wurde eigentlich Sieger bei diesen Huka-Huka-Kämpfen? War es wirklich immer der stärkste Stamm, oder machte man eine Geste der Höflichkeit dem Gastgeber gegenüber und billigte ihm das Recht des Heimatplatzes zu? Im Vorjahr, als der Kwarup bei den Kamayura stattfand, hatten sie gesiegt. Diesmal waren es die Kalapalo in ihrem Dorf. Das nächste Totenfest, man sprach schon davon, würde bei den Kuikuro stattfinden. Würden sie dann die Sieger sein?

Der Platz sah fürchterlich aus. Der Boden war aufgewühlt, die Totenpfähle bedeckte eine dicke Staubschicht, und die Opfergaben lagen durcheinander auf der Erde. Erschöpft standen die Stammesgruppen herum, diskutierten erregt über Sieg und Niederlage und gingen dann zu ihren Plätzen. Es war der Zeitpunkt, ihre Gastgeschenke zu überreichen. Jeder Stamm hatte etwas mitgebracht. Die Nahukua überreichten mehrere Kalebassengefäße und die Mehinaku kostbares, aus Wasserhyazinthen gewonnenes Salz. Da sie als Aruaken mit den Waura verwandt waren, brachten sie auch deren zurückgelassene Gaben, prachtvolle große Keramiktöpfe, zu Bororós Hütte.

Hungrig stürzten sie sich nun auf das von den Frauen bereitete Essen. Die Kalapalo waren großzügige Gastgeber: Berge von Maniokbrot und geräuchertem Fisch wurden an die Kämpfer und ihre Familien verteilt, und nur ein Bruchteil davon konnte gegessen und mit Maniokbrühe hinuntergespült werden. Der Geruch der Fische und die Ausdünstungen der vor Hitze dampfenden Männerkörper ergaben jenen Gestank, der charakteristisch für die großen Feste der Indianer am Xingu war, wenn die Regenzeit kurz bevorstand und die Savanne vor Trockenheit zu knistern schien.

Da saßen sie nun, die müden Gestalten, und aßen mit fettigen, schmutzigen Fingern, was die Natur ihnen seit Jahrhunderten unerschöpflich spendete. Sie hockten auf dem Boden, die Ellbogen beim Essen auf ihre Schenkel gestützt, schoben riesige Brocken geräucherten Fisches in den Mund, hinterher ein Stück knusperiges Maniokbrot und tranken zwischendurch riesige Mengen Suppe. Die Kampfstimmung hatte sich unter dem Einfluß der beliebten Speisen wieder beruhigt, und alle waren zufrieden und guter Dinge. Sie brauchten dazu weder den gefährlichen Alkohol, noch benötigte ihr Gaumen anregende Gewürze. Man hockte einfach auf der braunen Erde, in die schon so mancher Unrat hineingesickert war. Man spuckte ungeniert und laut. Keinen störte es. Immer noch hörte man als einziges Geräusch dieses Schmatzen und Schlürfen, aber da es in der richtigen Umgebung geschah, war es keineswegs störend. Im Gegenteil: Das war echtes Indianerleben am Xingu.

Von Schamanen und Zauberei

Plötzlich drang fürchterliches Geschrei aus einer der Hütten. Einige Neugierige liefen rasch dem lauten Jammern nach und sahen, wie ihr mächtigster Dorfschamane mit Hilfe der alten Mono versuchte, einen Schlüsselbeinbruch einzurichten. Es war ein Mehinaku, der beim Huka-Huka von seinem Gegner so unglücklich in die Menge geschleudert worden war, daß er dabei auf seine rechte Schulter fiel und sie sich gebrochen hatte. Er kannte keinerlei Selbstbeherrschung, und im gleichen Rhythmus, wie der Schmerz aufwallte, klang auch sein Gebrüll durch die dicken Strohwände bis auf den Dorfplatz. Dabei lief er wie wahnsinnig und von bösen Geistern besessen hin und her, hatte ein verzerrtes Gesicht und brach immer wieder stöhnend in sich zusammen. Der Schamane gab sich auch gar keine Mühe, seine Schmerzensschreie zu dämpfen, denn er wußte aus Erfahrung, daß Stöhnen stets Linderung brachte. Ruhig setzte sich der weise Zauberer neben den Verletzten und zündete sich eine grüne Zigarre an. Dann blies er dicke Rauchwolken über den Körper des Unglücklichen und in seine eigenen Hände. Statt die Zigarre auf den Boden zu legen, steckte er sie zwischen seine Zehen und rieb sich nun den Rauch in seine beiden Handflächen. Sanft bestrich er die schmerzende Schulter, und man sah es dem Verletzten an, wie wohl ihm diese Behandlung tat, denn allmählich ging sein Geschrei in leises Wimmern über. Mit Hilfe von Mono bandagierte er die Schulter mit dikken Baumwollsträngen, blies zum Abschluß noch Rauch vom Kranken fort in die Strohwände der Hütte. Nachdem er dies mehrere Male getan hatte, war er sicher, daß er die böse Hexerei gebannt hatte, denn es war für diesen klugen Schamanen klar, daß einer, der ihm nicht wohlwollte, diese Verletzung böswillig verursacht hatte. Er hätte ja nur ein Büschel Haar oder einen Fingernagel vom nun langsam Genesenden gestohlen haben müssen und dieses in seine Giftkalebasse gesteckt haben. Schon drohte dem Eigentümer, der unachtsam Haare oder Fingernägel liegengelassen hatte, Unheil. Der Mehinaku war zum Glück ein leichter Fall, und der gute Medizinmann konnte den Zauber gleich bannen. Der Verdacht der Zauberei war immer vorhanden, wenn man Unheil erklären wollte, und die Verdächtigen konnten getötet werden, ohne daß dem Vollstrecker etwas geschah.

Häufig mußte der Schamene erst in den Wald gehen, um dort die Wurzel des Übels zu finden. Er sprach mit den Tieren, verwandelte sich auch in deren Gestalt, denn nur ihm war es gegeben, die Waldgeister zu sehen und sich mit den Tieren zu paaren. Nützte bei einem Kranken alles nichts, so taten sich mehrere Schamanen zusammen. Sie rauchten an der Hängematte des vom Unheil Betroffenen, sangen ihre monotonen Rhythmen, stampften mit den Füßen und rasselten mit den Kalebassen. Die wichtigste Aufgabe der Dorfschamanen war stets, Böses vorauszuahnen und abzuwenden und Krankheiten zu heilen. Aber nicht mit den Heilmitteln, die sie alle kannten, pflanzlicher oder tierischer Substanz, sondern mit ihren geheimnisvollen Heilverfahren. Durch ihr Tabakrauchen konnten sie sich in Trance versetzen, und so erfuhren sie alles und konnten weissagen und vorausbestimmen. Man war im Stamme überzeugt von ihren übernatürlichen Kräften, respektierte sie und beugte sich ihrem Rat und Einfluß. Aber diese Macht barg auch eine Gefahr für die Zauberer in sich. Brach unerwartetes Unheil über ein Dorf herein, ohne von ihnen abgewendet zu werden, so machte man sie dafür verantwortlich und ließ sie die unerbittlichen Folgen tragen.

Man wurde nicht Schamane durch Erbfolge oder erwählt wegen übernatürlicher Kräfte. Junge Männer, die sich dazu berufen fühlten oder einfach nur den Wunsch hatten, Schamane zu werden, konnten bei den Alten lernen. Es war ein harter Weg. Man mußte sich langen und schwierigen Prüfungen unterziehen und lebte mindestens einen Monat mit dem Lehrmeister zusammen. Die Jungen mußten fasten, durften kaum schlafen und waren verurteilt, sich selbst empfindliche Körperschmerzen zuzufügen. Sie lernten die Gesänge und wie man durch anhaltendes starkes Rauchen in Trance fiel und so fähig war, Warnungen und Botschaften zu hören und Visionen des Kommenden zu haben. In diesem Zustand nahmen sie besonders gern die Gestalt eines Tieres an, um weit weg zu reisen und alles Wissensnotwendige zu erfahren. Rauchen und Atmen waren die wesentlichen Faktoren, an deren lebensspendende und heilende Kraft sie glaubten, und vielleicht schrieben sie auch dem Adler »Ouiarapa«, dessen Bruder einer der Wächter auf der Milchstraße war, übernatürliche Kräfte zu und hielten ihn deshalb wohlgenährt in jedem Dorfe.

Die gefürchtetsten und mächtigsten Schamanen aber waren immer die, die selber eine schwere Krankheit durchgemacht hatten. Vor allem ein psychisches Leiden, erworben oder schon als Kind damit belastet, befähigte sie in der Vorstellung ihrer Stammesgenossen zu überdurchschnittlichen Prophezeiungen und Taten. Ganz sicher waren es meist Schizophrene und Epileptiker, deren zeitweilig auftretende Anfälle man als Trance deutete, in der sie Visionen hatten oder Stimmen hörten. Ähnlich beurteilte man auch die Fieberphantasien Schwerkranker, die dann wohl jene waren, die nach diesem einmaligen Anfall in die Lehre eines Schamanen gingen, um auch weiterhin dieser Berufung zu folgen.

Der Schamane der Kalapalo war ein berühmter Zauberer, und es war ihm wieder einmal gelungen, einen vom Bösen Erwischten zu befreien. Als die Gäste der Kalapalo die letzten Schlucke Maniokbrühe in ihre überfüllten Mägen gossen, hörte man nur noch ab und zu ein leises Wimmern aus der Hütte des Verletzten.

Große Mengen Maniok waren übriggeblieben, als alle Stämme gesättigt waren. Aber das Fest war noch immer nicht beendet. Nach dem harten Männerkampf kam nun eine liebliche Frauendarbietung. Die Flötenspieler, die während des Huka-Huka ihren Rundgang unterbrochen hatten, schritten nun wieder in vollem Ornat um den Platz. Aber diesmal nicht alleine. Schräg hinter dem Rücken eines jeden Flötenspielers wiegten sich in graziösen Tanzschritten gutgewachsene junge Mädchen. Elegant und leicht ruhte ihre linke Hand auf der rechten Schulter des Flötisten, während die rechte, im Ellenbogen angewinkelt, sanft waagerechte Schwingungen machte. Es war ein bezauberndes Bild, diese jungen Geschöpfe mit ihrer zarten braunen Haut, ihren kleinen festen Brüsten, ihrem schimmernden Haar im Kreise laufen zu sehen. Immer wieder verschwanden sie durch die niedrigen Öffnungen der Hütten, zuerst das linke, dann das rechte Paar. Voran stampfte der Mann, das Mädchen machte noch einen leicht zögernden Schritt zurück, dann verschwand auch sie unter dem herunterhängenden Stroh der Tür. Nach wenigen Minuten schon kamen sie wieder heraus. Dieses anmutige und bunte Spiel dauerte eine Stunde. Sie mußten müde und erhitzt sein, denn die Sonne stand im Zenit und sandte ihre heißen Strahlen fast senkrecht zur Erde. Ab und zu schlürften sie ein wenig Maniokwasser, um den größten Durst zu stillen. Alle anderen saßen gemütlich herum, müde, satt und genossen den reizenden Anblick.

Diese in einem fast scheu zögernden Rhythmus schreitenden Indianerinnen waren zwar alle noch sehr jung, aber überwiegend keine Jungfrauen mehr. Nur die schönste unter ihnen, Enuya, die kindliche Kamayura, war noch ein Mädchen. Sie hatte ihre Klausur gerade beendet, und heute fand gleichzeitig mit dem Kwarup ihre Reifefeier statt. Ihr Haar über das Gesicht gekämmt, kam sie im Tanzschritt auf den Häuptling Bororó zu. Keine konnte sich so unnachahmlich in den Hüften wiegen, keine so zierlich ihre schlanken Hände bewegen wie sie. Mit schüchterner Gebärde überreichte sie Bororó, dem Brauch entsprechend, eine besonders schöne Pikifrucht. Diese galt bei den Indianern als kräftigendes Mittel und war für die Jungfrau ein Symbol dafür, daß sie nun fruchtbar ist. Die Männer entfernten sorgsam die Baumwollstränge, die Enuya unter den Knien um ihre Beine geschlungen hatte. Dann setzte sie sich auf den »Frauensitz«, ein Rolladen aus dicken Palmenholzstückchen, und überreichte aus einem Korb allen anwesenden Häuptlingen Pikifrüchte, nur Bororó gab sie zuletzt noch ihren Kamm. Langsam stand sie auf, schloß sich wieder der Flötengruppe an und schritt mit ihr weiter im Kreise herum.

Enuya war nun eine Frau geworden, und Tuvole brauchte nicht mehr auf sie zu warten. Um allen Anwesenden und Verwandten darzutun, daß sie nun heiraten würden, begannen sie mit dem Ritus des gegenseitigen Haarschneidens. Tuvole kürzte Enuya das Haar nur über der Stirn, so daß es hinten und seitlich lang und frei herabfloß. Sie zupfte, wie es Sitte war, ein paar überflüssige Haare aus seiner Tonsur. Sie rissen sich auch noch eine vergessene Wimper aus den Augenlidern, denn schon von Kindheit an wurden alle Körperhaare mit Ausnahme der Augenbrauen Haar für Haar ausgerupft. Sie taten dies nicht ohne Sinn und hatten für alles eine Erklärung. So war es ganz sicher, daß sie das immerhin recht schmerzhafte Auszupfen der Wimpern auch schon bei den kleinen Kindern machten, weil sie glaubten, die Wimpern hinderten am scharfen Sehen. Daß Wimpern die Augen schützten, davon wußten sie allerdings nichts. Enuya durfte jetzt das Fiberdreieck, jenes kleine Mittelstück des Uluri, tragen und konnte das winzige Etwas an Kleidung somit auch hinten befestigen. Ja, wenn es ihr Spaß machte, Tuvole besonders zu gefallen, konnte sie am Rücken Zipfelchen des Bandes lustig abstehen lassen.

Langsam ging das große Fest seinem Ende zu. Die Flötenspieler der Kalapalo verzogen sich in ihre Hütten, und die einzelnen Stämme brachen langsam zu ihrem Heimweg auf. Mitten auf dem Platz sah man ein paar Weiber, die einen Verwandten der Toten abwuschen. Scheinbar um die feinen Haarreste, die vom Schneiden der Tonsur noch an seinem Rücken klebten, zu beseitigen, aber letztlich war es auch ein Symbol. Jetzt, da alles vorbei war, sollte, wie schon am Morgen bei dem Witwer Faritas, auch von ihm die Trauer abgewaschen werden. Schließlich kam noch einer der Totengräber an die Reihe und wurde ebenso sorgfältig und liebevoll »befreit«. Vereinzelt sah man Männer zum See hinuntergehen, um sich Uruku, Staub und Ruß vom Körper und aus den Haaren zu waschen. Rot färbte sich das Wasser um sie herum und erinnerte an eine Blutlache, auf der hier und da eine kleine bunter Feder schwamm.

Ruhe lag nun wieder über dem Dorfe der Kalapalo. Einsam standen die drei Totenpfähle vor dem Flötenhaus, verstaubt und zerzaust. Drei junge Männer entkleideten sie ihres Schmuckes, gruben sie aus ihren Löchern und rollten sie achtlos über den Dorfplatz. Keiner kümmerte sich zunächst um sie, die Kinder ritten darauf und spielten um sie herum. Erst bei Sonnenuntergang wurden die Kwarups von je drei Burschen auf dem schmalen Pfad zum See getragen. Sie waren noch müde und erschöpft vom wilden Huka-Huka, und so setzten sie die Last unterwegs einmal ab und ruhten sich auf ihr aus. Am Seeufer angelangt, trugen sie die schweren Stämme so weit in den See hinaus, bis ihnen selber das klare Wasser über die Knie reichte, und warfen jene Symbole des größten Festes am Xingu aufatmend mit lautem Klatschen in den See. Die Seelen der drei Toten waren nun befreit und wanderten auf der Milchstraße ins Paradies. Als die Männer ins Dorf zurückkamen, war auch das Festhaus stumm und leer, denn die Kalapalo lagen erschöpft in den Hängematten und schaukelten ihre Müdigkeit.

See der Glückseligkeit

Kein Wölkchen trübte den Himmel. Kein Schatten huschte über die braunen Hütten des Kalapalodorfes. Araras und Pereskittos schwirrten krächzend in den Lüften, gleißendes Sonnenlicht erfüllte den unbeschreiblich schönen Morgen.

Die Freundesstämme waren heimgezogen, die Seelen der Toten befreit, und das Leben nahm wieder seinen alltäglichen Lauf. Der Geist der drei Verstorbenen befand sich inzwischen auf seiner Wanderung ins Paradies. Ihnen galt nach dem Kwarup weder Trauer noch Nachdenken. Ihre Körper lagen unter dem Dorfplatz begraben. Deutlich erkannte man rechts und links vom Männerhaus einen Ring auf der Erde, kaum vom Boden zu unterscheiden. Auch diese letzten Spuren würden bald verwischt sein. Wie viele Tote wohl schon unter dem Sand des Dorfplatzes ruhten? Niemand wußte es genau zu sagen. Waren es eines Tages ihrer zu viele, würde man die Hütten verlassen und an anderer Stelle ein neues Dorf einrichten. Raum genug war da. Der Platz mußte nur an einer Lagune liegen oder gar am Ufer des Flusses. Fische mußte es geben, Tiere zum Jagen und Boden, auf dem der Maniok gedeihen würde.

Aber das hatte noch Zeit. Heute sangen, arbeiteten, lachten und lebten sie auf ihrem alten Platz. Die Toten existierten nicht für die Lebenden. Übergangslos nahm man das alte Leben wieder auf. Die Frauen waren damit beschäftigt, die vielen Nahrungmittel, die noch übriggeblieben waren, in ihre Hütten zu tragen. Angezogen von den Abfällen, kamen die Hunde herbeigelaufen, bellten und wedelten mit ihrem kahlen Schwanz, und über dieser Szene flatterten und krächzten die Papageien, stießen hin und wieder auf einen Maniokhaufen nieder, um ein paar Brösel zu ergattern. Die Buben und Mädchen spielten schon wieder am Wasser, tauchten und schwammen wie Fische, und ihr Lachen und Geschrei war überall zu hören. Manche der kleineren Kinder waren am ganzen Körper mit Tupfen und Flecken bemalt, um sie gegen böse Geister zu schützen. Es war die einzige Bemalung, die noch vom Fest geblieben war, aber sie war weder wild noch dämonisch, sondern es sah lustig und vergnüglich aus, diese quicklebendigen, bunten Tupfen am Wasser spielen zu sehen.

Da lag er nun, der See der Glückseligkeit. Lehmbraun war das sonst klare Wasser durch den leise aufkommenden Wind. Lehmbraun auch die Felder und die Hütten des Dorfes. Lehmbraun wie die weite Savanne. Leise schlugen kleine Wellen ans Ufer und streichelten die Totenpfähle ihrer Feste. Da lagen sie auf dem Grund des Sees. Neue, in deren Holz man noch die Reste der Farben sah, und uralte, bei denen man nur noch an dem von der Rinde befreiten Ring erkannte, daß es einmal ein Kwarup gewesen sein muß. Am Ufer des Sees hoch aufgerichtet die dunkle Silhouette eines alten Schamanen. Er ließ das Wuri-Wuri sausen, um die Seelen der abgewanderten Fische zurückzurufen.

Am Abend, nachdem das Schwirrholz gesungen hatte, saßen die Schamanen und Clanältesten wie immer gemütlich vor dem Männerhaus, rauchten ihre langen grünen Zigarren und freuten sich ihres Daseins. Sie hatten auch allen Grund, zufrieden zu sein. Der Maniok war geerntet, in riesigen Türmen wie Silos standen die Vorräte in der Mitte eines jeden Hauses. Die Frauen waren fleißig gewesen, und nur am Nachmittag, wenn die Männer in der Hängematte schaukelten und auf ihren kurzen Flöten leise Melodien spielten, gönnten sie sich eine kleine Ruhepause vom täglichen Zubereiten des Maniok. Kraftvolle Jünglinge wuchsen dem Stamm heran, gesund an Leib und Seele. Sie kannten keine Probleme, denn sie brauchten noch täglich den körperlichen Einsatz und den Mut im Kampf ums Dasein. Alles mußte erobert werden: der Fisch im reißenden Fluß, der Jaguar in der endlosen Savanne und die Frau, behütet im Schoße der Familie. Wie in der Natur konnte auch hier nur der Starke überleben, und wie in der Natur war alles folgerichtig und normal. Es gab für sie keine Schwierigkeiten der Aufklärung, denn die Kinder wurden vor allen Geschwistern geboren, indem sich die Frau einfach auf den Boden hockte oder vor einen Pfosten kniete, den sie umklammerte. Der Vater biß die Nabelschnur durch und blies Rauch über den Körper des Neugeborenen, um es vor Bösem zu schützen. So wuchsen sie auf, mit dem selbstverständlichen Wissen über Zeugung, Geburt, Geschlecht und Tod.

Sorglos konnten sie der Zukunft entgegensehen. Jetzt würde auch der große Regen kommen und die Flüsse mit Wasser füllen, und Fische, große und wohlschmeckende, gäbe es in Hülle und Fülle. Ihre kleine Welt am See der Glückseligkeit bestand nicht aus Vorurteilen, sondern aus Unvoreingenommenheit, aus der Betrachtung des Lebens, wie es war, und nicht eines Lebens, wie man es hoffend oder bangend sich wünschte. Und wer sagt nicht, daß die einfachen Begegnungen mit dem wirklichen Leben, dem Kleinen, dem Normalen, dem Alltäglichen viel echter, wahrer und aufschlußreicher sein können als jede kunstvoll erdachte Vorstellung?

Mein besonderer Dank gilt Pedro Agostinho da Silva, der mir an Ort und Stelle viel von seinem ethnographischen und anthropologischen Wissen über die Xingu-Indianer vermittelte, ferner der Deutschen Lufthansa für ihre großzügige Unterstützung dieser Expedition.

Quellenangaben:

Karl von den Steinen, »Unter den Naturvölkern Zentral-Brasiliens«. Berlin 1887/88.
Adrian Cowell, »The Heart of the Forest«. Alfred A. Knopf, New York 1961.
Eduardo Galvão und Mario F. Simões, »Kulturwandel und Stammesüberleben am oberen Xingu. Zentralbrasilien.« In »Völkerkundliche Abhandlungen«, Band I, Hannover 1964.
J. P. Gosse, »Notes sur la Faune du Parc National du Xingu«. J. R. So. N. B., Brüssel o. J.
Helmut Sick, »Tu Kani«. Paul Parey, Hamburg und Berlin 1957.
Wolfgang Bücherl, »Das Haus der Gifte«. Franckh'sche Verlagshandlung, Stuttgart 1963.
José M. Gama Malcher, »Indios«. Rio de Janeiro 1964.

Bitte beachten Sie
die folgenden Seiten

Thor Heyerdahl

Kon-Tiki

Ullstein Buch 3276

Viele tausend Kilometer Ozean liegen zwischen Peru und Polynesien. Thor Heyerdahl wagt auf dem Floß Kon-Tiki die abenteuerliche Fahrt in die Südsee. Diese Expedition erfordert den ganzen Einsatz seiner Persönlichkeit. Gelingt ihm der Beweis für seine unorthodoxe Idee, daß die Kultur Polynesiens aus Südamerika stammt?

ein Ullstein Buch

Heinrich Harrer

Sieben Jahre in Tibet

Ullstein Buch 3336

ein Ullstein Buch

Heinrich Harrer, Lehrer und Freund des Gottkönigs Dalai Lama, schildert in diesem weltberühmten Buch seine Erlebnisse in der ›Verbotenen Stadt‹ Lhasa, wo er sieben Jahre am Hof des Dalai Lama verbrachte.
Dieser erregende Bericht erschien mit Originalfotos von Heinrich Harrer in einer Gesamtauflage von 2,5 Millionen Exemplaren.
Er wurde in vierzig Sprachen übersetzt und ging als Film um die Welt. Auch das Fernsehen berichtete über die sensationellen Erlebnisse des einzigen Europäers am tibetanischen Königshof.
»Ein Einblick in die letzten Jahre des theokratischen Tibct.« (FAZ)

Richard Bach

Meine Welt ist der Himmel

Ullstein Buch 3255

ein Ullstein Buch

Der Autor des Weltbestsellers »Die Möwe Jonathan« singt hier das Hohelied des Fliegens. Kernstück seines Buches ist die Schilderung eines Fluges mit einem F-84-F-Thunderstreak-Jagdbomber. Der Flug wird für den jungen Piloten zum Duell mit dem Tode, als in einem aufkommenden Gewitter die Instrumente versagen und er mit seinem Flugzeug zum willenlosen Spielball des Unwetters wird.

Ivar Lissner

Wir alle suchen das Paradies

Die Jenseitsvorstellungen der Menschen

Ullstein Buch 3329

ein Ullstein Sachbuch

Wo kommen wir her? Wo gehen wir hin? Der Völkerkundler Lissner spürt diesen Urfragen der Menschheit an der Wiege der Kulturen in Asien, Afrika und Amerika nach. Seine Reiseführer sind die Mythen, Religionen und archäologischen Zeugnisse der Urbevölkerung. Hier liegt der Bericht des Journalisten und Weltreisenden erstmals als Taschenbuch vor.

»Eines der verständlichsten und am besten geschriebenen Bücher dieser Art.«
The New York Times

Joy
Adamson

Die Löwin Elsa und ihre Jungen

Mit 88 Abbildungen

Ullstein Buch 3322

Durch den Film, das Fernsehen und eine Gesamtauflage von über 10 Millionen wurde dieser Bericht bekannt. In aller Welt nimmt man Anteil an dieser bewegenden Freundschaft zwischen Mensch und Tier. Joy Adamson und ihrem Mann gelang es, die junge Löwin Elsa aufzuziehen und zu ihrer Freundin zu machen. Dieser Tatsachenbericht beginnt damit, wie Elsa als stolze Mutter dreier Jungen aus dem Busch zurückkehrt.

ein Ullstein Buch

Arne Falk-Rønne

Meine Freunde – die Kannibalen

Mit zahlreichen,
teils farbigen Abbildungen

Ullstein Buch 33001

Nur wenige kennen die Welt wie Arne Falk-Rønne, der »dänische Heinrich Harrer«. Hier erzählt er in Wort und Bild von Landschaft, Klima und Vegetation Neuguineas. Teilweise unter Polizeischutz besuchte der Autor Schlangenfänger, begleitete Krokodiljäger und lebte bei den Kannibalen dieser zweitgrößten Insel der Erde, die noch auf einer Kulturstufe mit dem Menschen der Steinzeit stehen.

Reise und Abenteuer

Cecil Scott Forester

Die Hornblower-Romane

Fähnrich zur See Hornblower
Ullstein Buch 422

Leutnant Hornblower
Ullstein Buch 441

Hornblower wird Kommandant
Ullstein Buch 462

Der Kapitän
Ullstein Buch 481

An Spaniens Küsten
Ullstein Buch 502

Unter wehender Flagge
Ullstein Buch 529

Der Kommodore
Ullstein Buch 555

Lord Hornblower
Ullstein Buch 570

Hornblower in Westindien
Ullstein Buch 598

Hornblower auf der Hotspur
Ullstein Buch 2651

Zapfenstreich
Ullstein Buch 2834

ein Ullstein Buch

Alexander Kent

Richard-Bolitho-Romane

ein Ullstein Buch

Die Feuertaufe
Ullstein Buch 3363

Klar Schiff zum Gefecht
Ullstein Buch 3376

Die Entscheidung
Ullstein Buch 3402

Zerfetzte Flaggen
Ullstein Buch 3441

Bruderkampf
Ullstein Buch 3452

Der Piratenfürst
Ullstein Buch 3463

Strandwölfe
Ullstein Buch 3495

Fieber an Bord
Ullstein Buch 3522

Nahkampf der Giganten
Ullstein Buch 3558

Feind in Sicht
Ullstein Buch 20006

Der Stolz der Flotte
Ullstein Buch 20014

Eine letzte Breitseite
Ullstein Buch 20022